강철잡
(job)

강철잡(job) 밥벌이를 고민하는 당신에게

초판 발행일 2022년 5월 20일
지은이 강태운
글 작가 박태옥
펴낸이 유현조
편집장 강주한
디자인 연못
인쇄·제본 영신사
종이 한서지업사

펴낸 곳 소나무
등록 1987년 12월 12일 제2013-000063호
주소 경기도 고양시 덕양구 대덕로 86번길 85(현천동 121-6)
전화 02-375-5784
팩스 02-375-5789
전자우편 sonamoopub@empas.com
전자집 post.naver.com/sonamoopub1

ⓒ 강태운, 2022
ISBN 978-89-7139-104-4 (03320)

강철잡
(job)
밥벌이를 고민하는 당신에게

강쌤철물 강태운 지음

소나무

나는 날마다 설렌다

한겨울이었다. 세상이 꽝꽝 얼었다. 오래전 완전 춥던 날. 변기가 막혔다고 연락이 왔다. 하필 이런 날 119라도 부르고 싶은 심정이었을 거다. 119처럼 달려갔다. 옥탑방이었다. 변기를 뜯어내 보니 배관이 오물로 꽉 막힌 채 얼어 있었다. 스팀해빙기를 이용해 배관을 녹이니까 좀 되는가 싶다가도 그 상태 그대로. 두어 번 더 해봐도 뚫리지 않아서 배관을 따라가 봤다. 배관은 밖으로 나와 옥상에서 벽을 타고 아래로 내려가 마당으로 이어졌다.

벽에 사다리를 놓고 올라갔다. 때마침 바람도 불어 금세 얼굴이 꽝꽝 얼었다. 바깥으로 나온 배관에 구멍을 내서 스팀해빙기 호스를 수직으로 내려보낼 생각이었다. 갖고 올라간 드릴로 배관을 뚫었다.

그런데 헐! 뚫린 구멍으로 똥물이 솟구치면서 내 얼굴로 좍~. 졸지에 똥물 따귀를 맞았다. 영화 〈쇼생크 탈출〉에서 주인공이 하수도관으로 탈출하려고 돌로 배관을 내려치는 순간 분수처럼 튀어 오른 오물을 뒤집어쓴 것과 닮은 꼴.

일단 좀 씻고 나서 심기일전. 다시 배관을 살펴보니까 어떻게 손을 쓸 수가 없었다. 변기부터 정화조까지 배관을 다 갈아야 했다. 보온 조치가 부실해 배관 전체가 오물을 가득 품고 깡그리 얼어붙은 상태가 되고 말았다. 일의 수준이 많이 달라졌다. 배관을 새것으로 싹 교체하고 나니까 한나절이 싹 가버렸다. 말끔하게 뒷정리를 하고 뜯어낸 똥배관을 차에 싣고 집으로 돌아갔다. 몸에도 차 안에도 똥냄새가 폴폴 풍겼다.

똥물이든 괴물이든 다 덤벼라

그래도 좋았다. 통쾌했다. 해결했으니까. 뻥 뚫린 변기처럼 내 속도 시
원했다. 반드시 해결하고 싶은 마음에 일하는 내내 추운지도 몰랐다.

나는 아침에 출근할 때마다 설렌다. 오늘은 어떤 일이 나를 기다리
고 있을지 오늘은 어떻게 해결을 할지 생각만 해도 기분이 좋다. 나는
집수리가 좋다. 문제를 알아낸 뒤 방법을 찾고 해결해 나가는 과정이
되게 기분이 좋다. 짜릿하다.

먹고사는 게 참 힘들겠다, 똥물이나 뒤집어쓰고 말이야, 누군가는 그
럴지도 모른다. 나는 말한다. 내가 가장 잘하는 걸로 똥물이든 괴물이
든 맞부딪혀서 승부를 내는 일이거든. 돈도 벌면서 말이야. 최고야.

나는 이 일을 20년 넘게 해와도 여전히 아침마다 날마다 출근길이
설렌다.

강쌤
철물

어느 날 인플루언서

라디오에서 내 목소리가

달랑 36초, 하루 세 번. 딱 일주일 동안뿐이었지만 파장은 크고 길었다. 역시 방송의 힘은 대단했다. 내 목소리를 들었다는 목소리가 햇살 쏟아지듯 밀려 들어왔다. 오래오래 소식이 끊겨 궁금했던 목소리도 있었다.

"와! 이거 완전 부럽다!"

늘 일만 벌인다고 걱정 많던 아내도 진심 부러워하는 표정이었다. 2022년 2월 7일부터 13일까지 내 목소리가 공중파 방송 라디오를 타고 전국 구석구석 퍼져 나갔다.

안녕하세요. 집수리 크리에이터 강태운입니다. 저는 사람들에게 집수리 기술을 가르치고 있는데요. 어떤 분은 며칠 만에 해내고 어떤 분은 반년 이상도 걸립니다. 하지만 중간에 포기하지 않는 한 결국은 다 해내십니다. 다만 늦게 갈 뿐이죠. (2월 7일 방송에서)

뭐든 거저 얻어지는 건 없습니다. 오히려 실수와 실패를 통해서 배울 수 있죠. (2월 10일 방송에서)

간절한 사람은 일을 미루지 않습니다. 뒤로 물러서지도 않고 대충 건성으로 하지 않습니다. (2월 12일 방송에서)

간절함이 느껴져서 한 분 한 분에게 제가 가진 기술을 제대로 알려드리고 있습니다. (2월 13일 방송에서)

평소 내가 자주 하던 말들을 방송작가가 일곱 가지로 정리했다. 나는 MBC 라디오 공익캠페인 〈잠깐만〉에 출연했다. 방송국에 가서 스튜디오에 앉아 직접 녹음한 생생 내 목소리. 귀담아들을 말들이 많다고 생각했던 그 프로그램에 내가 그 '말'을 하게 될 줄이야. 그 말을 했던 목소리들은 사회적으로 유명한 인사들이거나 각 분야의 인싸들. 어쩌다 내가 그 대열에 섰다. 살다 보니 이런 날도 온다. 가문의 영광이다. 좋다. 기분이 되게 좋다.

실버버튼 덕분에

외출했다가 집에 들어가려는데 문이 안 열린다? 아무리 잠가도 수도꼭지에서 물이 줄줄줄 흐른다? 그럴 때 사람들은 대체로 나를 찾는다. 나는 철물점도 하고 집수리도 하는 소상공인 자영업자다. 일개 '기술자'이자 '사장님'일 뿐이다. 그럴 뿐인 내가 어쩌다 방송국 리스트에 다 올랐다.

여러 방송국에서 연락이 왔다. 집수리 꿀팁을 보여 달라는 예능프로그램도 있었고, 내가 어떻게 일하고 어떻게 돈을 버는지 다큐멘터리로 만들고 싶다는 제안도 들어왔다. 한마디로 내가 방송용으로 쓸 만하다는 얘기일 테다.

상상조차 못했던 일이 어느 날 눈앞에 뚝 떨어졌다. 다 유튜브 실버버튼 덕분이다. 그 위력을 비로소 실감했다. 강쌤철물 유튜브가 10만 구독자를 넘어서니까 실버버튼이 배달됐다. 뿌듯했고 자랑질도 하고 싶어서 철물점 한가운데에 보란 듯이 올려났다.

유튜브를 하기 전엔 철물과 집수리 쪽에서는 나를 좀 알아주긴 했다. 실력이 있고 솜씨도 좋다는 입소문도 좀 났다. 그러다가 유튜브도 해본 건데 그게 좀 뜨니까 곳곳에서 나를 찾는 사람이 막 생겼다. 나의 일터에서 반경 20킬로미터 안쪽에서만 불리던 내 이름이 삽시간에 전국구가 됐다.

언론 인터뷰도 했고 내 첫 책도 출판됐다.『집수리 닥터 강쌤의 셀프 집수리』유튜브에 올린 집수리 방법들을 모은 책이다. 각 집수리 방법에 나오는 QR코드를 찍으면 유튜브 영상이 뜨게 돼 있다. 이 책은 바다 건너 대만에서도 출판 계약을 맺었다. 나의 집수리 기술이 수출된 것이다. 대만에서 잘되면 중국에 갈 수도 있다고 한다. 어메이징이다. 어느 틈엔가 나의 존재감이 확 달라져 버렸다. 1년도 안 걸렸다.

넘 바빠요

라디오 방송 전까지는 방송 출연 의뢰를 다 거절했다. 감히 일개 시청자 주제에 말이다. 그럴 수밖에 없었다. 내가 되게 까탈스럽거나 되게 겸손해서가 아니라 되게 바빴다. 하루에 걸려 오는 전화만 100~200통이다. 집에 문제가 생겼으니 당장 도와 달라는 전화도 많지만 철물과 집수리에 대한 궁금증이나 창업 상담이 훨씬 많다. 낮밤을 가리지 않고 전화가 울려대서 가만히 있어도 귀에서 전자음이 들리는 건지 들린다고 착각하는 건지 웅웅 하는 소리를 달고 산다. 관리하고 있는 SNS도 여러 개. 일하다가도 말하다가도 아무 생각 없이 폰만 들여다보는 경우도 1초에 한 번이다. 스마트폰 중독 증세란다.

집수리를 가르쳐 달라는 사람들이 너무 많아서 강쌤철물아카데미를 열었고, 강쌤철물 유튜브에도 수시로 동영상을 올린다. 강쌤철물 온라인스토어도 관리한다. 집수리 일은 왕창 줄였어도 현장과 수시로 연락해야 하고 출동도 해야 한다. 하루 24시간이 순삭이다.

나는 얼리버드다. 해가 돋기 전 일어나고 6시 30분에 사무실 문을 연다. 그때부터 곧바로 일과를 시작하여 종일 바쁘게 보내다 밤 7~8시쯤 마무리한다. 화장실도 꾹꾹 참고 참았다가 간다. 일과는 마무리되어도 나의 하루는 멈추지 않아서 자정이 넘어서야 눈을 붙인다. 다행히도 일단 잠들면 완전 시체다. 단 몇 시간만 자도 늘 개운한 편이다. 한창때는 세 시간만 자고도 거뜬했다.

"왜 그리 번잡하게 살아요?"

무슨 대단한 일을 하려는 것도 아니다. 이름 좀 날리자고 큰돈 좀 만져 보자고 하는 짓도 아니다. 어느 날 나는 일을 벌였고, 지금도 무엇을 벌일까 궁리 중이다. 내가 잘하는 일을 더 잘해 보고 싶고 여러 사람에게 내가 가진 기술과 정보를 나누어 주고 싶고 이왕이면 다들 함께 뭔가 이루어 나가고 싶은 마음이다.

그래봤자 일개 자영업자, 일개 철물점 사장, 일개 집수리 기술자에 불과하지만 신기방기하게도 지금까지는 잘 버티고 잘 헤쳐 나가고 있다.

공인인 듯

工人이다

나는 기술자다. 공인(工人)이다.

기술자는 오로지 기술 하나로 승부를 건다. 평소 배우고 익히고 갈고 닦은 기술을 실전에서 어떻게 보여주느냐에 따라 몸값도 수명도 결정된다. 철물점으로 찾아오든 전화로 집수리를 의뢰하든 당장 급하고 불편한 사람들이다. 이들에게 집수리 기술자들은 어쩌면 응급구조사나 다름없다. 홍반장이기도 하고 맥가이버이기도 하다. 기술만 있다면 어려울 게 없다. 철물점에선 고객의 이야기를 듣고 장비든 공구든 부품이든 딱 맞는 물건을 찾아 주면 되고, 집수리 가서는 문제가 생긴 원인을 정확히 진단하고 확실한 치료를 하면 된다. 완전 나로 시작해 완전 나로 끝나는 일이다.

나는 이 일이 좋다. 기술자로 사는 게 좋다. 일이 때때로 놀이 같기도 하다. 우리 사무실에서 잠시 일했던 인턴사원이 내가 좀 신기했던 모양이다.

"사장님은 일하러 갈 때도 일할 때도 너무 즐거워하세요."

철물점이든 집수리든 일의 특성상 대체로 혼자 한다. 일이 좀 커지면 한 명 정도 파트너를 둔다. 나는 어릴 적부터 혼자 일하고 혼자 먹고살다 보니 혼삶에 익숙해져서 이미 이 일에 최적화됐다고 할 수 있다. 젊을 적 붕어빵 장사할 때도 혼자였고 일반 주택에 방 하나 얻어서 가죽옷을 만들 때도 보조 한 명만 곁에 있었다. 집에서 족발을 삶아 오토바이 타고 배달 나가던 시절엔 아내와 함께했고 새벽마다 하던 세차일은 오로지 나 혼자였다. 철물도매업을 하던 시절엔 홀로 승합차나 소형트럭을 몰며 도로를 쏘다녔고 철물점과 집수리를 하고 나서도 영업과 판매, 출장수리 등등 혼자서 다 했다. 무슨 일이든 일단 해보면서 익혔다. 내가 할 수 있을까 고민하고 망설일 이유도 여유도 없었다.

그렇다고 이 일이 나 같은 사람한테만 유리하다는 건 아니다. 철물아카데미 교육생 중에는 오랜 세월 기업체에서 팀으로 일해 왔거나 여럿과 함께 사업체를 꾸려 온 분들이 많다. 이미 집수리하면서 영역을 넓히는 분도 있고 철물점을 차린 분도 있다.

이 일은 맨땅에 헤딩한다는 각오가 필요하지만 실은 옥토다. 망망대해에 홀로 배를 몰고 나가야 하는 투지도 필요하지만 실은 물 반 고기 반이다. 다 자기 하기 나름이고 누구든 도전할 수 있다. 나는 농사짓는 법이나 고기 잡는 법을 알려 주려고 안달이 난 사람이다. 그 도전이 진짜로 좋은 결과로 돌아온다는 것을 겪어 봤으니까.

公人인 듯

평생을 '나혼산'이었는데 이젠 아니다. 혼삶으로 되돌리고 싶어도 쉽지 않다. 방송국에서 나를 찾을 만큼 내 이름과 얼굴이 널리 널리 알려져 버렸다. 유튜버로 떴고 철물아카데미 출신도 300명이 넘어섰다. 혼자 하는 집수리 일은 대폭 줄어들고 사람들과 더불어 지내는 일이 엄청 늘었다. 나는 그대로인데 내 일상과 삶이 before and after가 됐다.

어느 날은 투자하겠다는 사람이 찾아왔고 어느 날은 협업하자는 사람한테 연락이 왔다. 협찬도 여기저기서 들어오고 있다. 몇몇 기업과

강쌤철물 강쌤에게 배우는 집수리
집수리, 참 쉽죠?

우리가 매일 눈뜨고 밥 먹고 휴식을 취하며 인생에서 가장 많은 시간을 보내는 공간, 바로 집이다. 그런데 막상 집에 이런저런 문제가 생기면 동네 철물점에 가봐야 할지, 수리 서비스업체에 연락을 해봐야 할지 고민스럽다. 늘 이도 저도 마땅치 않았다면 이번엔 직접 수리해보자. 강쌤철물과 함께라면 어렵지 않다.

지자체는 집수리 강의를 요청했다. 농촌이나 어촌에 살면서 집수리 기술이 있다면 훨씬 편할뿐더러 돈도 아낀다. 마을을 위해서도 좋다. 지방 지자체가 집수리 기술을 배우고 싶어 하는 주민을 모아 철물아카데미로 보내기도 했다. 인터뷰한 언론 중 『농민신문』이 발행하는 월간지 『전원생활』도 농촌 생활용 집수리를 집중적으로 취재했다.

숨 돌릴 틈 없이 이어지는 전화와 SNS에 가지가지 이유로 접해야 하는 사람들, 그리고 나의 본업까지. 하루하루 쇼트트랙 계주처럼 뛰다 보니 뜻하지 않은 실수와 결례도 자꾸 생긴다. 약속을 잊거나 일정을 어기거나 제때제때 응답하지 못하기도 한다. 눈앞에 할 일을 두고도 다른 사안에 빠져들 때도 있다. 혼자 일하던 시절엔 실수도 손에 꼽을 만큼 적기도 했고, 실수를 하면 일단 솔직하고 정중하게 사과부터 하고 책임을 졌다.

지금은 보는 눈이 많아졌다. 온라인은 물론이고 오프라인에서도 나를 알아본다. 이제는 내 말 한마디 한마디 행동 하나하나가 평판의 대상이 되고 뒷담화 소재가 된 것이다. 관찰카메라가 따라다니는 거 같은 기분이다. 아무 때나 전화해서 이것저것 꼬치꼬치 물어보는 분들도 있다. 참 난감하다. 답답하니까 물어물어 문의를 하는 걸 텐데 마냥 들어줄 수도 없는 노릇. 양해를 구해서 중간에 전화를 끊게 되더라도 괜히 찝찝하다. 퉁명스럽고 불친절해. 영상과 달라. 이런 말 나올까 봐.

SNS에 나를 험담하는 댓글도 올라왔다. 나랑 만난 적도 없고 나에 대해서도 우리 교육에 대해서도 잘 알지 못하면서 터무니없는 얘기를

하는 것이다. 너무 궁금해서 왜 그런 말씀을 하셨냐 물으니까 당신하
곤 할 말이 없다고 끊어 버린다. 이런 식이다. 아니면 말고다. 악성 댓
글에는 도무지 적응이 안 된다. 한 예능프로그램에 출연한 박세리씨가
그랬다.

"댓글은 읽지 말아라."

맞다. 가족도 지인도 악성 댓글은 잊어라 한다. 맞다. 그렇지만 자꾸
가슴이 떨리고 자꾸 신경이 쓰인다.

진짜로 주목받고 싶던 시절도 있었다. 어떻게든 눈길 좀 잡아 보려고
승용차에 집수리 홍보물을 잔뜩 부착하고 온종일 돌아다닌 적도 있
고, "뭐 필요한 거 있으면 말씀해 주세요"를 앵무새처럼 반복하면서 반
응이 올 때까지 날이면 날마다 수십 군데 가게를 찾아간 적도 있었다.
내가 무슨 꼴을 하고 다녀도 세상의 시선이 나를 개무시하던 시절이었
다. 지금은 완전 뒤집어졌다.

이런 걸 공인(公人) 아닌 공인이라 하나 보다. 인플루언서라고 하나
보다. 공인인 듯 인플루언서인 듯 내가 하는 일이 선한 영향력을 줄 수
만 있다면 바랄 게 없다.

주변에서 비서를 두라는 얘기가 다 나온다. 때때로 누가 내 일정을
관리 좀 해주면 좋겠다는 생각도 들긴 하지만 비서라니 나한테 어울리
지 않는다. 정신만 똑바로 차리자. 공인(公人)인 듯 인플루언서인 듯 말
도 행동도 조심하고 신중하자. 이름 좀 났다고 내가 바뀐 건 아니잖아.
그래봤자 일개 공인(工人) 기술자거든. 날마다 마음을 다잡는다.

닥치Go 직진

앞으로 또 어떤 일이 닥칠까. 만사 오케이가 될지 만사 파훼가 될지는 알 수 없다. 뭐가 되든 나는 아마도 예전처럼 '혼자'로 돌아갈 수는 없을 것이다. 닥치고 go go 다. 이것은 나의 다짐이고 선언이다. 유튜버로서 더더욱 활동할 것이고 무엇보다 철물아카데미에 혼신을 다할 것이다. 바로 이런 분들 때문이다. 이분들이 보낸 메일을 읽다 보면 없던 힘도 펄떡펄떡 생긴다. 메일 일부를 소개한다.

안녕하세요. 저는 서울 ○○ 거주 40세 여성 ○○○입니다. 유튜브 감명 깊게 봤어요. 남편도 치킨집부터 10년 넘게 자린고비처럼 자영업 하다 성공도 해보고 이번 코로나로 뼈아픈 경험도 했어요. 기술창업을 알아보다가 대표님 영상을 보고 용기 내어 연락드립니다. 저는 전공과는 무관하지만 컴퓨터나 기계 다루는 것을 좋아하고 무엇보다 지금은 너무 간절합니다. 여자도 전문적으로 기술직을 할 수 있다는 것을 보여주고 싶습니다.

저는 대학 시절 알바를 멈춰 본 적이 없습니다. 지역 광고책자 아파트 배포, 앵글 조립 보조, 마장동 육가공 공장, 동대문 의류도매시장 판매. 저는 제힘과 노력으로 하는 것에는 늘 성과를 내왔고 도전할 용기를 갖고 있습니다. 이제 인생의 후반기를 진입하는 시기에 선생님께 배운 기술로 제 가족을 지탱하고 싶고 또 그 기술로 진정으로 누군가에게 도움이 되는 일을 하고 싶습니다.

대표님 전화를 받고 뭔가 마음속에서 좋은 기운이 올라오고 뭐든지 할 수 있을 것 같은 기분이 듭니다! 이 기운을 유지할 수 있을지 모르지만 지금은 저도 모를 용기가 불타오르는 것 같습니다! 연락 주신 것만으로도 제게는 인생에서 절대 잊지 못할 하루가 될 거 같습니다. 그리고 무엇보다 세상을 삐딱하게 보지 않겠다는 생각이 들었습니다.

저는 미국에 살고 있는 ○○○이라고 합니다. 우연히 유튜브에서 강쌤철물을 보고 7월 아카데미를 신청하려 했지만 신청이 잘 되질 않아서 못했습니다. 속성반에 들어가 배우고 싶은데 도와주시기 바랍니다. 감사합니다.

미국 LA에서 주유소를 하는 한인 교포 한 분은 한국에 들어왔다가 철물아카데미에서 집수리 기술을 배우고 출국했다. 주유소에 손댈 일이 많다고 한다. 집수리 기술은 어느 나라든 비슷하다. 부속만 다르다. SNS로 상담도 해오는 교포들도 있다. 철물은 만국 공용어다.

전단지가 우리 가족을 살렸다

돌린 만큼 돌아온다

오래전 철물도매업을 하다가 완전 폭망했다. 땡전 한 푼 안 남았고 길거리로 내동댕이쳐졌다. 이후 다시 일어서기까지 날마다 전단지를 돌렸다. 족발 배달 전단을 돌리다 새벽 세차 전단이 더해졌고 좀 지나 집수리 전단이 추가됐다. 내가 직접 도안을 해서 하루에 500장도 1,000장도 넘게 뿌려댔다. 때론 오토바이를 타고 때론 승용차를 몰고 주택가와 아파트단지가 보이는 대로 돌렸다. 처음 전단지를 돌릴 때만 해도 과연 효과가 있을까 미심쩍기도 했는데 돌린 만큼 돌아왔다. 족발 하나 배달해 주세요, 세차 좀 부탁드릴게요, 집에 번호키가 고장 났어요. 주문이 번갈아 줄을 섰다.

전단지가 우리 가족을 살렸다. 주문이 밀려들면서 살림살이도 숨통이 트였고 마침내 길도 찾았다. 앞으로 내가 갈 길 내가 살 길은 집수리다! 집수리만으로도 얼마든지 더 나은 삶을 살 수 있다는 확신이 생

겼다. 세차를 그만두고 족발도 접었다. 확신은 확실했다. 그날 이후 지금까지 20여 년 철물 한 길을 걸었다.

돈도 좀 벌고 빚도 거의 다 갚았다. 그래도 나는 전단지를 돌린다. 전단지는 열정이고 간절함이다. 간절한 마음으로 뛰어다니는 것이고 열정으로 홍보하는 것이다.

전단지는 여전히 통한다. 집에 뭔가 고장이 났든 작동이 안 되든 순간 어디로 연락하지? 딱 떠오르지 않으면 전단지를 찾는다. 음식점도 헬스장도 이삿짐센터도 그렇다. 돌리고 또 돌려야 기회가 생기는 거다. 아무리 디지털 시대라도 인터넷과 동영상 세상이라도 아날로그는 아날로그대로 먹힌다. 요즘은 너무 바빠서 아파트나 주택가를 돌지는 않는다. 외부에 나갔다가 공사 현장이 보이면 철물점 홍보 전단지를 한 뭉치 갖고 들어간다. 차 트렁크엔 항상 전단지가 가득이다.

족발, 세차, 집수리 쓰리잡을 하면서 전단지를 돌릴 때 꿈이 하나 있었다. 여기저기 동네 한 바퀴 돌다가 가슴 저리도록 탐나는 차들을 보면 참 부러웠다. 꼭 멋진 차를 사야지. BEO라는 가수가 부른 가

사처럼. '까만 리무진 보며 꿈을 키웠지. 언젠가는 나도 저걸 갖게 될 거야.'

그때 내가 몰고 다니던 차는 쬐그만 승용차 티코였다. 자동차는 어쩌면 동기부여였을지도 모른다. 티코에서 에스페로로 카니발로 조금씩 커지다가 소나타에서 좀 시간이 걸렸고 지금 몰고 다니는 수입차까지 오게 됐다. 진짜로 사고 싶은 차는 요즘 핫한 수입 지프차다. 그거 타고 달리고 싶다.

철물아카데미 교육생 출신으로 지금 집수리하는 분들도 열심히 전단지를 돌리고 있다. 교육생 출신들이 모인 단톡방엔 그분들이 만든 전단지가 올라온다. 각양각색. 패기와 결기가 느껴진다. 그분들의 꿈이 이루어지길, 꼭.

살다 보니 좋은 상황이 계속 이어지지 않을 때도 있고 노력이 반드시 결실을 맺는 것도 아니더라고요. 그러니 더욱 제가 할 수 있는 일을 매일 해나가고 싶습니다. (MBC 라디오 〈잠깐만〉 2월 11일 방송에서)

호랑이 등에 올라타다

라디오로 내 목소리를 들으면서 여러 감정이 뒤섞였다. 흥분하다가 쑥스럽다가 뿌듯하다가 진땀 나다가 우쭐대고 싶다가 이러다가 저러다가 롤러코스터. 한마디로 하자면 '좋다!' 아내도 좋다 하고 두 아들도 좋다 한다. 이 좋은 감정이 앞으로도 쭈욱~ 이어지길. 혼자 흐뭇해 하는데 순간 긴장과 두려움이 훅 치고 들어온다.

나는 지금 임계점에 서 있다. 임계점이란 과학적으로는 '물질의 구조와 성질이 다른 상태로 바뀌는 것.' 인간적으로 말하자면 지금 나의 위치가 껑충 뛰어오를 상황에 와 있다는 것. 노는 물이 완전 달라질 수 있다는 얘기다. 이것은 인생의 기회다. 그동안 이런 임계점이 몇 번 있었고 그때마다 나는 껑충 뛰어올라 삶의 질을 업그레이드시켰다.

동시에 임계점은 위기이기도 하다. 삽질하면 한방에 추락이다. 예전에 쫄딱 망했을 때가 그랬다. 기회이자 위기. 마음 단단히 먹고 만반의 준비를 해야 한다.

인간이란 잠시라도 방심하면 얼마든지 교만해지고 욕심에 빠진다. 나도 잘나갈 때 교만과 욕심이 불쑥불쑥 튀어나왔다. 허영심이 생겨 돈 아까운 줄 모를 때도 있었고 거들먹거리며 사람을 대하기도 했다. 겉으로는 안 그런 척 포장을 하고 다녔다. 그것도 모르고 사람들은 나를 좋게 보는 것이었다. 나는 그 상황을 즐기기까지 했다. 그러던 어느 날 퍼뜩 이건 아니지 각성하고 생각을 바로잡았다. 안 그랬다면 지금 어디서 비참하게 망가져 있을지 모를 일이다.

임계점은 누구에게나 찾아온다. 그때 잘 뛰어오르는 사람이 있는가 하면 어떤 사람은 바닥없는 심연으로 떨어진다. 기호지세(騎虎之勢)라는 말이 있다. 호랑이 등에 올라탔다는 뜻. 올라탄 이상 잘 붙들고 끝까지 가야 한다. 임계점은 그런 상황이다. 자만심은 버리고 중심과 균형을 잘 잡을 것. 떨어질 것 같으면 호랑이 멱살이라도 잡고서 온몸을 호랑이 등에 붙이고 버텨야 한다.

어느 날 떡상

자다가도 돈이 생긴다고?

엄정화, 김주혁 주연 〈홍반장〉의 주인공 홍반장은 아마도 방구석 정주행 같은 거 안 할 거다. 홍반장은 구석구석 종횡무진 마을 정주행을 할 거다. 나한테도 방구석은 수리하러 다니는 곳이고 항상 밖에서 놀았다. 20년 넘게 나의 베이스캠프를 중심으로 거미줄 치듯이 정주행하고 다녔다. 내가 하는 일이 그렇다. 직접 두 다리로 현장에 가서 두 눈으로 확인하고 두 손으로 해결해야 한다. 집수리도 철물점도 철물아카데미도 다 오프라인이다. 그랬던 내가 지금은 유튜버로도 맹활약 중이다. 일명 집수리 크리에이터. 현장이 온오프 반반이 됐다.

나한테 온라인은 이메일 확인이나 SNS 들락거리기 또는 포털 검색 정도였다. 언젠가 아들의 권유로 블로그를 열기도 했는데 한두 번 하다 별로 흥미도 생기지 않고 일도 바빠서 말아 버렸다. 유튜브는 먹방이거나 게임이거나 애들이나 보는 거 정도인 줄만 알았다.

그러던 어느 날 어쩌다 유튜브 좀 돌아다니다 무릎을 쳤다. '우와, 이런 곳이었어?' 완전 딴세상이었다. 바로 그날, 한 유튜버 때문에 유튜브에 급관심까지 생겼다. 부동산재테크 크리에이터였다. 좋은 직장 때려치우고 사업하다가 폭망하고 빚쟁이에 쫓겨 쪽방촌에서 숨죽여 지내다 정신 차리고 유튜버로 인생 반전에 성공한 사람이다. 나도 폭망해서 5억 원 정도 빚을 짊어진 적이 있었고 거리로 내쫓겨 보기도 해서 이래저래 눈길이 갔다. 나는 재테크엔 완전 쌩이다. 돈을 버는 데는 관심이 100도 훨씬 넘었는데 돈을 모으거나 불리는 데는 관심이 1도 안 됐다.

돈이 생기면 철물점에 투자했다. 물건 사려고 뭉텅뭉텅 써버리기 일쑤였다. 종종 좋은 부동산 나왔다고 소개도 받곤 했는데 남의 일처럼 생각했다. 나중에 그 부동산 가치가 어마무시해지는 걸 보고 나도 재테크 좀 해야겠다 생각도 들었지만 생각만 그랬다.

그날도 재테크보다는 살아온 이야기나 듣겠다는 생각이었는데 그 유튜버가 그러는 거다.

"당신도 유튜브를 할 수 있습니다."

난 속으로 '난 못해요. 안 해요' 중얼거렸다.

"유튜브만 잘하면 자는 동안에도 돈이 생깁니다."

'어? 그거 다단계인데 나는 다단계 싫거든요.'

예전에 아주 잠깐 어쩌다 다단계에 들어간 적이 있었다. 처음엔 몰랐다. 휴대폰이 막 사람들에게 선보이던 시절이었다. 휴대폰이 지금보다 백배는 더 컸고 백배는 더 비쌌다. 내가 취급하던 휴대폰은 전화 통화도 되고 무전도 됐다. 나는 열심히 뛰어다녀 금세 스무 개도 넘게 팔았고 돈도 좀 벌었다. 나중에야 그곳이 다단계 회사라는 걸 알았다. 귀를 기울이고 설명도 들었지만 다단계 판매방식은 내 성격과 안 맞았다. 여기는 아니다. 집수리에 전념하자. 결론을 내렸다. "자다가도 돈이 생깁니다." 그때 참 많이 들었던 말이다. 그리하여 유튜브도 내 길이 아니다 결론을 내렸는데 그날 밤 자다가 마음이 바뀌었다.

유튜버가 되다

"자다가도 돈이 생깁니다."

분명 말은 같았다. 뭐가 다를까. 다단계는 물건을 팔고 사람들을 모아야 자다가도 돈이 생긴다지만 유튜브는 물건을 파는 것도 사람을 모으는 것도 아니다. 그럼 어떻게 자다가도 돈이 생길까. 잠이 확 달아나서 궁금증을 풀어 봤다.

따지고 보면 별거 아니었다. '내가 가장 자신 있는 것으로 시작해라. 스마트폰 하나만 있으면 충분하다.' 거기서 반짝 머릿속에 전등이 켜졌다. 내가 가장 자신 있는 건 집수리이고 돈도 안 든다 하니 한번 해볼까. 하다 안 되면 말지 뭐. 길이 보일 듯 말 듯. 나는 어떤 일이든 고민이든 뭐든 짧게 끝낸다. 느낌이 온다, 나한테 맞는다, 할 수 있다 싶으면 1초도 머뭇거리지 않고 직진한다. 다음 날 유튜브를 시작했다.

코로나19가 세계를 공포로 몰아가며 퍼져 나가던 그해 2월, 첫 유튜브 방송을 했다. 철물점 안에 놓인 테이블 위에 삼각대로 스마트폰을 고정시키고 촬영에 들어갔다. 첫 멘트는 아무래도 어색하고 덜컥댔지

만 그대로 갔다. 어차피 말주변이 없으니 생긴 대로 할 수밖에.

"안녕하세요. 유튜버를 처음 시작하는 강쌤입니다. 그동안의 노하우를 가지고 여러분들에게 유익한 정보들을 드리도록 노력하겠습니다."

첫 방송은 디지털 도어록을 교체하는 방법이었다. 이게 낡거나 고장이 나서 새것으로 바꾸려 할 때 마음만은 직접 하고 싶은데 몰라서 못하는 분들 참 많을 것이다. 대신 나 같은 집수리 기사를 부른다. 당연히 출장비 + 공임을 지불해야 한다. 기본이 몇 만 원이다. 이걸 직접 교체하면 무지무지 보람이 차고도 넘칠 테고 그날 삼겹살을 배부르게 먹을 수 있다. 그리 어려운 일도 아니고 시간도 오래 걸리지 않는다. 갖고 있던 샘플로 교체하는 방법을 보여줬다. 늘 하던 일이니 하던 대로

39

보여주면 됐고 하던 일이니 말도 그럭저럭 잘 나왔다. 그때만 해도 쑥 스럽기도 해서 얼굴은 화면 밖으로.

촬영한 것을 첫째아들에게 맡겼다. 나한테는 아들이 둘 있는데 첫째가 나를 좀 닮아서 손재주가 좋고 둘째는 나랑 달라서 손재주 있는 나를 잘 부려 먹는다. 중3인 둘째는 그 또래답게 게임에 푹 빠져 있어서 엄마랑 날마다 전쟁이다. 엄마가 참다못해 인터넷 연결선을 가위로 싹둑 자르면 둘째는 나를 긴급호출 한다.

나는 고분고분 퇴근할 때 연결선을 가져가서 인터넷을 회복시킨다. 종종 둘째가 연결선을 손에 쥔 채 잠든 모습을 보기도 한다. 나름 자기가 해보려던 건데 누구나 해볼 수는 있지만 누구나 되는 건 아니니까. 첫째는 영상기술에 관심이 많다. 내가 촬영한 것을 잘 편집에서 유튜브에 올렸다. 그렇게 나의 유튜버 데뷔작이 탄생했다.

진격의 부캐

나는 좀 멍석 체질인 거 같다. 평소엔 차분하고 느긋한 편이다. 말수도 적다. 일에 들어가면 다르다. 성격은 급해지고 행동은 날아다닌다. 밥도 거르고 속도전을 펼칠 때도 많아서 어쩌다 나와 일하는 분들이나 직원들이 애를 먹기도 했다. 사적인 자리에선 조용조용한데 일과 관련해선 말문이 팡 터진다. 라디오 방송 녹음할 때도 그랬다. 꽤 긴장했는데 막상 녹음 들어가니까 좔좔좔. 유튜브 영상을 촬영하는 데도 별 어려울 게 없었다.

첫 유튜브 영상에 뜻밖으로 많은 사람들이 반응을 해줬다. '좋아요'를 양 많이 눌러 주고 잘 봤다는 댓글도 주렁주렁. 어! 이거 괜찮네. 신기하기도 하고 뿌듯했다. 곧바로 두 번째 영상을 촬영했다. 기존 아날로그 도어록을 디지털 번호키로 바꾸는 방법이었다. 역시 반응이 좋았다. 그때부터는 신이 나서 막 올렸다.

내가 올릴 콘텐츠는 무궁무진했고 유튜브는 무제한이었다. 하루하루 구독자도 조회 수도 눈에 띄게 늘어나니까 첫 목표! 구독자 1,000명을 향해 달렸다. 1,000명이 넘어야 수익이 발생한다고 했다. 100명을 돌파했을 때는 구독자 대상으로 이벤트도 벌여서 갖고 있던 공구를 선물로 줬다.

1,000명은 언제? 이제나저제나 1,000명만 기다렸다. 참 더디게 느껴졌다. 수시로 구독자 수를 들여다보느라 눈이 빠지는 술 알았다. 6개월 걸렸다. 그사이에 올린 동영상이 100개도 넘었다. 난생처음 한여름에도 마스크를 쓰고 일을 할 수밖에 없던 그해 8월에 드디어 1,000명을 넘었다. 유튜브 측이 라이선스를 보냈고 매달 22일에 내 통장으로 달러를 송금했다. 우와, 진짜로 자다가도 돈이 들어왔다.

돈도 벌고 사람들이 좋다, 꿀팁 고맙다 하니까 더 열심히 올렸다. 틈만 나면 촬영했다. 이렇게 재미있고 즐거울 수가. 바람을 탔는지 흐름

을 탔는지 어느 날 영상 하나가 떡상을 쳤다. 1,000명을 넘어서고 두 달 만에 구독자도 조회도 수만 수십만으로 급등한 것이다. 순식간이었다. 현관문을 자동으로 천천히 닫게 해주는 도어체크의 드라이버 구멍이 헐거워졌을 때 바로잡는 방법이었다. 완전 대박! 수익이 마구 늘어나 수백만 원이 넘는 금액이 통장에 찍혔다. 나 이러다 부자 되는 거 아니야. 막 소리를 다 질렀다.

10만 구독자도 금세 넘어섰고 이를 증명하는 실버버튼이 날아왔다. 덕분에 유튜브 채널 '체인지 그라운드'가 나의 인생 반전 스토리를 내보냈다. 그것도 떴다. 내 이름이 더더욱 널리 알려졌고 강쌤철물아카데미를 찾는 사람도 폭증했다. 그때부터는 돈보다 영상이었다. 누군가 알아주는 재미가 돈 버는 재미보다 좋았고 누군가한테 필요한 일을 한다는 뿌듯함이 돈보다 좋았다.

그리하여 부캐가 하나 더 생겼다. 철물아카데미 원장에 이어 유튜버. 이제 두 부캐가 본캐인 집수리 기술자와 철물점 사장을 집어삼킬 태세다.

大방출 싹多방출

떠오를 때마다

내가 촬영한 영상을 편집해 주던 첫째아들은 지금 군복무 중이다.
입대 전날 엄마가 첫째한테 편집이라든지 영상기술을 급과외 받았다.
컴퓨터를 잘 다루는 아내는 스펀지처럼 빨아들였다. 다음 날부터 별
탈 없이 영상편집을 했고 나선 김에 촬영도 하고 있다.

나는 수시로 무시로 촬영했다. 계획을 세우거나 따로 날짜를 잡지 않
고 아이템이 떠오를 때마다 즉각 작업에 들어갔다. 종종 직원들도 도
와줬다. 어떻게 촬영할지 대본 같은 것도 없고 연습 같은 것도 없었다.
그러다 보니 2년 동안 500개가 넘는 동영상을 올렸다. 희한한 건, 기대
좀 하고 올린 건 기대 이하 조회고 기대 안 하고 올린 게 기대 이상 조
회인 경우가 많다는 것.

있는 그대로

강쌤철물 유튜브는 있는 그대로 솔직하게 보여준다. 꾸밈이 없다. 생각날 때마다 하는 것이어서 일하던 곳에서 일하던 복장 그대로 촬영해 왔다. 말투나 목소리도 평소와 다르지 않아서 어설프면 어설픈 대로 버벅대면 버벅대는 대로 갔다. 실수하면 실수하는 대로 다 보여줬다. 실수는 즉각 인정하고 즉각 바로잡았다. 좋은 장비를 갖추고 대본도 짜고 어느 정도 연기도 하면서 영상의 질을 높이고 감동도 주는 유튜버들도 있다. 그들은 그들대로 노력하는 것이고 그만큼 인기도 높다. 나는 나대로.

나의 장점은 20여 년 쌓아 온 경험과 노하우를 자연스럽고 솔직하게 보여주는 것이다. 누구보다 잘 알고 잘하는 분야이고 자신 있게 보여주기 때문에 있는 그대로 보여줘도 통할 건 다 통한다고 생각했다.

완전 다 보여준다

"우리 밥줄 다 끊어 놓을 생각이세요?"

지금까지 올린 동영상은 마음만 먹으면 누구나 간단한 장비와 부품으로 따라 할 수 있는 것들이다. 500개 넘는 영상을 만들었으니 집수리에 관한 모든 것을 싹 다 보여줬다고 할 수 있다. 그러니까 집수리하는 분이 지나가다 불만을 얘기한 적도 있었다. 나도 좀 걱정이 됐던 게 사실이다. 다들 스스로 집수리를 하면 내가 할 일이 없어지는 게 아닐까. 어떤 노하우는 필생의 역작 같아서 알려주기가 진짜로 아깝기도 했다.

그렇지만 아직까지는 내 할 일이 줄어들지도 않았다. 아는 만큼 보인다고 했으니 오히려 철물과 집수리에 대한 관심이 더 늘어날 것이라 생각한다. 세상에 넘쳐나는 게 집이고 아파트고 사무실이고 빌딩이다. 다 기우다.

알기 쉽게

생각날 때마다 촬영하려면 바쁜 일정을 쪼개야 한다. 오랜 시간 촬영하기는 어렵고 거의 원샷 원테이크다. 보여줄 것만 보여주고 할 말만 해서 내가 올리는 영상은 대체로 빨리 끝난다. 가장 중요한 게 있다. 알기 쉽게! 간단한 집수리는 개념과 방법만 알면 그리 어려울 게 없다. 다만 직접 눈으로 보고 배워야 하는데 대부분 사람들이 시간도 공간도 여유도 없을 것이다.

온라인에 집수리 관련 영상이나 블로그가 수두룩 빽빽인데 나의 경쟁력은 '알기 쉽게'다. 머리 저장고에 차곡차곡 쌓아 놓은 노하우를 고객한테 설명하듯이 말한다. 나는 손재주와 눈썰미는 타고났다. 무엇이든 처음 접하는 것도 일단 해보면 금방 개념을 이해하고 곧바로 방법을 터득한다. 내가 집수리를 해준 사람들은 물론이고 이쪽 분야 사람들한테도 일을 잘하고 일 처리도 깔끔하다는 평판을 얻은 것도 타고난 손재주와 눈썰미 덕분인 것 같다.

어릴 적엔 내가 손재주가 있는지 눈썰미가 좋은지 몰랐다. 보통 나 같은 사람들은 어릴 때 시계고 라디오고 가만 놔두지를 않고 다 뜯어보고 분해하고 그런다는데 나는 그런 게 없었다. 나이 들어가면서 내가 그런 인간일지도 모르겠다 생각만 했을 뿐이다.

나조차 신기하기만 한 나의 재능 덕분에 집수리 하나로 여기까지 왔다. 그래서 사람들한테 무엇을 이해시키고 무엇을 알려줘야 하는지 콕 집어 설명할 수 있다. 진짜로 알기 쉽게 말이다. 집수리 일타강의! 누구보다 잘할 수 있다고 나는 자신한다.

간결하게

나의 첫 영상은 길이가 8분 6초, 두 번째 영상은 8분 50초다. 할수록 기량도 늘고 요령도 생기고 해서 러닝타임은 더 빨라져 보통 4~5분 길이다. 유튜브 수익은 구독자 수 못지않게 시청 시간도 중요하다. 조회만 하고 단 몇 초 보고 말면 돈이 되지 않는다. 끝까지 다 본다면 10분짜리가 4분짜리보다 수익이 좋다. 10분 동안 시선을 꽉 잡고 있으려고 첨단 장비를 사용해 다양한 촬영과 편집을 시도하는 유튜버들도 많다. 그러고 싶어도 그러지 못하는 유튜버들에게 접근하는 제작 대행 기획사들도 줄을 섰다.

나도 여러 차례 기획사들의 연락을 받았다. 나는 오로지 강쌤 스타일. 남의 힘을 빌려서까지 하고 싶지는 않다. 나는 뭐든 아니다 싶으면 안 하거나 하다가 말아 버리는 성격이다. 추진도 직진이고 포기도 직진이다. 작정하고 아무 말 대잔치라도 하고 근사한 영상 좀 끼워 넣고서 시간을 좀 늘릴 수도 있겠지만 포장이든 분장이든 내 스타일이 아니다. 집수리의 본질은 구조다. 구조를 알아야 문제가 뭔지 어떻게 고쳐야 하는지 감이 온다.

집수리 영상은 짧을수록 좋다고 생각한다. 당장 급한 사람이거나 팁을 얻으려는 사람이 많이 볼 테니 빨리 구조를 이해하고 과정을 익히는 게 핵심이다. 영상이 길면 속만 터진다. 요즘 내 영상 중에는 1분 안쪽짜리들이 늘고 있다. 마모된 나사를 푸는 방법을 알려주는 영상은 36초, 드라이버가 헛돌 때 초간단으로 조이는 영상은 40초, 문짝 시트지가 덜렁거릴 때 간단하게 처리하는 방법은 56초다. 세면기를 다룰 때 사용하는 공구를 직접 만드는 영상은 34초, 이것을 실전에 사용하는 영상은 47초다.

이 영상들은 심지어 무성영화다. 말이 없다. 영상만 흐르고 음악만 배경으로 깔았다. 갑작스럽게 폭설이 내렸을 때 케이블타이(플라스틱 끈)로 긴급하게 아이젠을 만드는 42초짜리 영상도 말은 처음에 딱 두

마디. 말로 설명을 하지 않고 눈으로 보는 것만으로도 충분히 이해할 수 있게 보여주려고 궁리 끝에 나온 역작들이다. 그래서 그런가 짧아도 조회수는 아주 높다.

돈보다 영상

철물아카이브

2년 동안 500개 넘는 영상으로 집수리에 관한 기본적인 건 거의 다 보여줬다고 할 수 있다. 마음만 먹으면 누구라도 따라 할 수 있는 것들이다. 이제는 좀 더 고급기술을 다룰 생각이다. 기본적인 집수리 기술을 응용하거나 복합적으로 활용하는 것들로 집수리 전반에 걸친 인테리어 기술이라 할 수 있다.

이를테면 직접 욕실에다 욕조를 설치하는 방법이나 욕실 천장 공사하기 같은 것들이다. DIY에 관심이 많고 나름 재능과 기술도 있는 사람들이 혹할 수 있을 것이다. 만약 집 안 새시(창틀)를 혼자 교체할 수 있다면 비용은 팍 줄이고 뿌듯함은 오래 갈 것이다.

고급기술도 수만 가지다. 이 영상은 내가 직접 현장에서 집수리하는 장면을 촬영해서 올릴 것이다. 고급기술은 난도가 높기 때문에 실제상황이 중요하다. 예기치 못한 변수에도 대비할 수 있게 샘플이 아니라 현장을 보여줘야 한다.

집수리와 관련한 철물, 즉 각종 장비와 공구와 부품에 대해 알려주는 영상도 계획하고 있다. 철물점엔 너무도 다종다양한 물건들로 가득하다. 진짜로 만 가지가 넘는다. 각각 생김새도 다르고 쓰임새도 다르고 규격도 다르고 이름도 다르다. 이것들을 잘 알고 잘 모르고가 곧 집수리를 잘하냐 못하냐다. 당장 필요한 게 뭔지 모르면 시간만 끌다가 다음으로 미루거나 기술자를 부를 수밖에 없다.

철물점엔 흥미롭고 신기한 물건들이 참 많다. 진짜로 변신 로봇이 나올지도 모르는 곳이다. 철물점에 대해 관심도 높이고 좀 더 친숙한 공간으로 느끼게 장비 하나하나 공구 하나하나 부품 하나하나 깨알설명하는 영상을 만들고 싶다.

기본적인 집수리에 고급 인테리어 기술에 각종 철물까지. 이쯤 되면 철물아카이브로 손색이 없지 않을까. 돈보다 영상이다.

강쌤튜브가 간다

평생 깐부

철물아카데미는 철물과 집수리 기술을 집중적으로 가르친다. 창업이 목적이다. 프리랜서로 집수리를 하다가 인테리어 업체나 설비업체로 키워 나갈 수 있다. 교육받은 분들이 300명이 넘었다. 지금도 교육을 받

으려고 몇 달을 대기해야 하는 상황이니 앞으로도 그 수는 계속 늘어날 수밖에 없다.

교육생들은 전국 각지에서 온다. 지도를 펴서 이분들의 거주지를 이으면 전국이 촘촘하게 네트워크가 될 것이다. 나는 오지랖이 넓지 않다. 넓고 싶지도 않고 좁은 대로 만족하면서 살았다.

서울 창신동에서 유년 시절을 보냈고 경기도 청평에서 잠시 살다가 다시 서울 면목동에서 좀 자리 잡는 듯하다가 어찌어찌 경기도 남양주를 거쳐 20여 년 전에 현재 구리에 안착하는 동안 나의 인간관계는 아담했다고나 할까.

내가 다니는 교회는 30여 년 전 처음 알게 됐을 때도 20~30명이었고 지금도 20~30명 식구다. 작은 개척교회지만 알콩달콩 알뜰살뜰 잘 지내고 있다. 나는 이렇게 얼마 안 되지만 정을 듬뿍 나눌 수 있는 공동체 같은 관계가 좋다.

철물아카데미를 하면서부터는 철물 물건만큼이나 많은 다종다양한 분들을 만나고 친분을 쌓았다. 무엇보다 이분들은 간절함과 절박함으로 나를 찾아왔고 나 또한 그 마음을 겪었고 알기에 통할 수 있었다. 나는 또 다른 삶을 준비하는 이분들이 진짜로 잘되기를 바라서 진짜로 아낌없이 내가 알고 있는 것을 다 드러내고 알려줬다.

교육생 중엔 이미 집수리 현장을 누비는 분도 있고 철물점을 낸 분도 있다. 전국 각지에서 왔으니 전국 각지에서 일한다. 나는 이분들을 영상에 담고 싶고 이미 담은 분도 있다. 왜 집수리를 하게 됐는지, 왜 철물점을 열게 됐는지부터 어떻게 일하고 있으며 돈벌이는 어떤지 애로사항은 무엇인지 영상으로 보여주려는 것이다. 부산으로 대구로 목포로 어디든 가리지 않고 찾아갈 것이다.

강쌤철물식 인간극장이다. TV 인간극장과 다른 건 강쌤철물 인간극장에선 그분들의 일을 적극적으로 홍보도 한다는 것. 나로선 영상이 확보되니까 좋고 그분들은 홍보가 되니까 좋고 충분히 윈윈이 되지 않을까 싶다. 교육생과 나는 평생 깐부다. 나는 그렇게 생각한다.

강쌤 스튜디오

MBC 라디오 〈잠깐만〉을 녹음할 때 제법 잘했다. 대본도 잘 읽었고 NG도 거의 없어서 예상 시간보다 일찍 끝났다. 담당 PD도 놀라워했다. 라디오로 듣는 내 목소리도 나쁘지 않았다.

용기를 얻었다. 나만의 스튜디오를 만들자. 내 목소리로 좋은 이야기를 들려주자. 살아가면서 도움이 되고 힘이 나는 이야기, 가슴이 따뜻해지는 이야기, 생활에 유익한 이야기를 일주일에 두어 번씩 들려주는 것이다. 강쌤철물 유튜브와는 다른 강쌤의 유튜브 채널이다. 내 야심작이다. 이것이 어디까지 발전할지는 나도 궁금하다. 또 일을 하나 벌이는 것이지만 생각만 해도 즐겁고 신난다.

강쌤철물아카데미

간절한 사람들

'체인지 그라운드' 영상을 통해서 강쌤철물을 알게 되었습니다. 지금이라도 알게 되어 너무너무 설렙니다. 인생 역전, 인생 2막을 꿈꿀 수 있는 기회가 생겼다는 설렘에 어제부터 강쌤철물 유튜브만 계속 보고 있습니다.

저는 대구에 살고 있고 딸 셋을 키우고 있습니다. 27세부터 여행사에 입사하여 18년 동안 직장생활만 하다가 2018년에 퇴사하고 작은 여행사를 오픈했습니다. 월급쟁이 말고 평생의 소원이었던 제 사업을 시작한 것입니다. 하지만 만 2년 만에 코로나 팬데믹으로 사업을 쫄딱 말아먹고 빚만 1억을 떠안았습니다.

20년 동안 여행업 외에는 해본 일도 없어서 할 줄 아는 것도 없는데 나이도 낼모레 50이다 보니 할 수 있는 일도 별로 없고, 써주는 곳도 없습니다. 현재는 6개월째 밤 10시부터 다음 날 아침 6시까지 야간에 전동킥보드 수거하는 일을 하면서 생활비 일부라도 벌고 있고, 낮에도 알바가 있으면 이것저것 닥치는 대로 하고 있지만 그래도 빚만 점점 늘어나고 있습니다.

코로나가 언제 끝날지도 모르고, 여행업이 다시 예전으로 돌아갈 날은 더더욱 오지 않을 것 같습니다. 새로운 직업을 찾아 인생 2막을 시작해야 할 시기에 우연히 강선생님을 알게 되었습니다. 우연이 아니라 필연이라고 믿고 싶습니다. 제 현실이 간절하고 절실해 강선생님이 나타나셨다고 믿고 싶습니다. 저 하나만 바라보고 있는 세 딸과 와이프를 위해 정말정말 열심히 하겠습니다.

저는 올해 57세이고 김○○입니다.

대학에서 농업기계공학을 전공했지만, 전공에 맞는 직장을 갖지 못해 방황하다가 무인경비시스템 영업직으로 직장생활을 시작했습니다. 10여 년 일하면서 도전과 성취 그리고 실패도 경험했고 실적도 올리며 나름 보람찬 직장생활을 했습니다. 2008년 직장을 그만두고 친구와 매연저감장치 사업을 시작했는데 친구의 배신으로 고생만 하다 4년 만에 접었습니다. 그 후 자동차 공업사에 외제 차 부품을 배송하는 일을 8년 하다가 미세하게 뇌경색이 오면서 장시간 운전에 대한 부담과 가족들의 걱정으로 그만두게 되었습니다. 당시 아내가 편의점을 막 시작해서 저도 그 일에 합류했습니다.

저는 어려서부터 손재주가 있어서 시계를 분해하고 조립하는 일을 좋아했는데, 성인이 되어서는 아이들 장난감, 전기전자제품, 변기 등 집 안의 소소한 고장은 부품을 사다가 제가 직접 고치곤 합니다. 좀 더 일찍 자동차 정비나 설비 일을 배웠더라면 제가 즐겁게 일할 수 있었을 거라며 늘 안타깝게 여기던 아내의 권유로 강쌤철물을 알게 되었고, 영상을 보는 순간 배워 보고 싶다는 마음이 강렬하게 들었습니다.

이제는 80세까지는 일을 해야 하는 시대를 살고 있습니다. 노후까지 할 수 있는 일의 준비가 필요함을 느끼고 있을 때, 강쌤을 만나니 우연이 아니라는 생각이 듭니다. 제가 강쌤의 기술을 전수받으면 즐겁게 일할 수 있겠다는 자신감이 생겨서 문을 두드립니다.

'문을 두드려라. 그리하면 열릴 것이니.' 이 성경 말씀이 제게 이루어지길 기대합니다.

체인지 그라운드, 체인지 라이프

通하다

강쌤철물 유튜브가 떡상을 치고 내가 유튜버로 좀 알려지자 유튜브 채널 '체인지 그라운드'에서 내 이야기를 동영상으로 제작해 내보냈다. '체인지 그라운드'는 사람들에게 삶의 동기부여를 일으키게 하는 채널이다. 새로운 도전으로 인생을 바꾼(change life) 사람들을 주목해 왔고 내가 선택된 것이다. 100만이 넘는 구독자에 조회수도 어마무시한 곳이니 방송 후폭풍도 어마무시했다.

방송이 나가자 스마트폰에 온오프라인에 문의가 폭증했다. 애초에 철물아카데미를 하게 된 건 나의 유튜브를 보고 집수리를 배워 보고 싶다는 사람이 꽤 생겼기 때문이다. 강쌤철물이 입점한 건물에 큰 공간을 임대해 교실을 열었다. 그런데 '체인지 그라운드' 방송이 나가자마자 철물점 창업이나 집수리를 직업으로 삼으려는 사람들이 줄줄줄 찾아왔다. 40~50대가 다수였지만 60대 이상도 많았고 20~30대도 적지 않왔다.

나이도 하는 일도 생각도 처한 현실도 다 달랐지만 하나가 같았다. 같아서 통했다. 이들은 간절했다. 자영업을 하다가 망하고 나서 다른 일을 찾는 분, 코로나로 수익이 완전 반토막 나서 이러지도 저러지도 못하고 있는 분, 다니던 직장을 그만두고 전업을 계획하는 분, 은퇴나 정년을 앞두고 제2의 인생을 바라보는 분. 모든 게 불확실하고 불안한 사람들이 많았다. 현재 대기업에 다니는 회사원도 있고 공무원도 있다. 나는 누구보다 이분들의 마음을 안다. 내가 그랬다. 한때 너무도 막막했고 너무도 간절하게 절실하게 일이 필요했다.

뭐 필요하신 거 없나요?

20대 끄트머리로 접어들 무렵 구인광고를 보고 철물점에 취직했다. 그곳에서 나의 철물 인생이 시작됐다. 1년 6개월가량 일하면서 철물에 대해 많은 것을 배우고 익히자 자신감이 생겨 철물도매업으로 진출했다. 그때 철물점에 물건을 납품하던 도매업자의 수입이 내 월급의 서너 배가 된다는 걸 알고 마음이 혹했다. 그 도매업자한테 물어봤다.

"나도 이 장사 할 수 있을까요?"

"당연하죠. 시장 나가서 물건 사갖고 전국 철물점 돌아다니면 돼요. 인사 잘하시고요."

그 도매업자와 많은 얘기를 나눴다. 도매 마진율이 10퍼센트 정도였고 50군데 거래처만 확보해도 하루에 적어도 100만 원 이상 벌이가 가능했다. 좀 더 구체적이고 실질적인 얘기를 묻고 들으면서 결심했다. 철물점을 그만둘 때 좀 애를 먹었다. 일이 힘들어 열이면 열 명 다 3개월도 못 버티는데 나는 오래 일한 데다 잘하고 성실했으니 놓치고 싶지 않았을 것이다.

도망치다시피 나오고 나서 교회에서 승합차부터 빌렸다. 당장 차가 없었다. 신용카드로 현금서비스를 받아서 200만 원어치 물건을 구입했다. 펜치나 망치 등 기본적이면서 부피가 적은 장비와 공구와 부품들이었다. 부피가 큰 물건은 공간만 잡아먹는다고 주문을 받았을 때만 챙기라는 조언대로 했다. 승합차에 가득 싣고 드디어 철물도매업 첫걸음을 뗐다. 청계천에서 물건을 사고 답십리를 거쳐 46번 국도를 탔다. 이른바 경춘국도. 그때 살던 곳인 남양주 평내 옆으로 지나는 도로이기도 했다.

그날부터 구리에서 춘천까지, 서울에서 춘천까지 그 도로만 달렸다. 경춘국도는 풍광이 좋은 도로다. 당시엔 손꼽히는 데이트 코스였다. 그렇지만 풍광은 완전 그림의 떡. 달리면서 국도 주변에 철물점이나 공구상만 보이면 무조건 차를 세우고 들어갔다.

"안녕하세요. 뭐 필요하신 거 없나요? 아무거라도 주문해 주세요."

처음 해보는 일이라 긴장도 되고 어색하기도 해서 목소리는 버벅거렸고 입은 바짝 말랐다. 그래도 용기를 내고 다음 가게, 다음 가게 들르다 보니 서른 군데 정도 됐다. 온몸이 땀으로 젖었고 진이 다 빠졌다.

다음 날도, 그 다음 날도 경춘국도를 달렸고 전날 들렀던 가게들을 빠짐없이 찾았고 명함을 돌리고 같은 말을 되풀이했다.

"안녕하세요. 뭐 필요하신 거 없나요? 하나라도 좋습니다."

소득은 없었다. 소득은 둘째치고 거의 문전박대 수준이었다. 아예 거들떠보시도 않는 경우가 반이고 대충 훑어보며 건성건성 대답하는 게 반이었다.

"거래하는 데 있거든요."

"필요하면 말할게요."

그러다 한 군데서 24만 원인가 25만 원인가 사줬다. 첫 거래의 맛은 짜릿짜릿했다. 아, 이런 거구나. 그 맛에 힘을 받아 더 달렸다.

달라지지 않았다. 다시 원위치. 자신감이 뚝뚝 떨어지고 갑자기 만사가 막막해지는 기분이 들었다. 경춘국도를 그렇게 열심히 달렸건만 인생은 공회전이었다.

망해도 봤으니

철물도매업을 시작하고 29일째 되던 날. 간절한 마음이 자포자기하는 마음한테 자꾸 밀리고 있었다. 거의 마지막에 들르던 춘천에 있던 삼양건재 사장이 그날따라 나를 불렀다.

"왜 이렇게 자꾸 와요?"

"다니는 길이니까요. 어떤 것도 좋으니까 주문해 주세요."

"타카(네일건) 핀 있어요?"

"물론이죠!"

그게 시작이었다. 나의 철물도매는 그날 비로소 궤도에 올라됐다. 좋은 물건을 정확하게 가져다주자 주문이 이어졌다. 그 사장과 좀 친해지기도 했다. 열흘 정도 지났나.

"저기 한진건재상도 들리죠? 지금 가봐요."

알고 보니 두 업체 사장이 친구 사이였다.

"그 친구한테 얼마나 잘 보였기에 당신이랑 거래를 하라네요. 아주 착실하다면서요."

그곳은 A급 거래처였다. 한 달에 족히 1,500만 원 이상 주문을 했다. 결재도 그때그때 또박또박 이루어졌다. 오로지 현금으로. 큰 업체의 일을 잘해 내니까 큰 업체에서 큰 업체로 소개가 이어졌고 작은 업체도 포도송이처럼 늘어났다. 경춘국도 동서남북으로 거래처가 불어났다.

1년 사이에 나의 철물도매는 날마다 상종가였다. 하루에 500만 원 매출은 기본이었고 심심치 않게 1,000만 원도 찍었다. 승합차는 다시 교회에 반납하고 1톤짜리 탑차를 구입했는데 그것으로도 모자라 2.5톤짜리를 새로 장만해야 했다. 직원도 한 명 두었다. 겁날 게 없던 시절이었다. 현찰 다발을 주머니 여기저기에 쑤셔 넣고 다닐 정도였다. 이때 구리에 철물소매점을 열었다.

그런데 2년이 지니고 3년이 지나니까 좀 이상해졌다. 매출이 늘어나는 것과 내 형편이 따로 노는 것이었다. 매출이 늘어날수록 되레 돈이 돌지 않고 경제적으로 어려워지기만 했다. 현금으로 또박또박 결재를 해주는 업체보다 외상으로 거래하는 업체가 훨씬 많았기 때문이다. 수금은 안 되더라도 나는 납품할 물건을 사야 하니까 돈이 필요했고 어쩔 수 없이 신용카드 다 동원해 현금서비스를 받았다. 1억 원이 훌쩍 넘었다. 그래봤자 앞으로도 뒤로도 새기만 하는 상황이었다. 이미 위험 수위를 넘고 있던 것이다. 결국 외상에 발목을 잡혔다.

외상을 깔아 버린 업체들은 죄다 어음을 발행했다. 그 시절 어음이란 건 휴지 쪼가리나 다름없었다. 언제라도 부도처리가 되고도 남아 그것들을 받자마자 흔히 말하는 '깡'(어음할인)을 할 수밖에 없었다. 100만 원짜리 어음이라면 20만 원 정도가 수수료로 까졌다. 다급하다는 걸 알고 친하게 지내던 사람들이 급전을 돌려주기도 했지만 밑 빠진 독에 물 붓기. 엎친 데 덮쳐서 동업도 빠그라져서 마침내 파산. 5년째 되던 해 거액의 빚만 떠안고 자빠지고 말았다.

내 손에 현금이 넘치는 재미에만 빠져서 내가 내 발등을 찍었던 것이다. 돈 관리도 못했고 앞뒤 가리지도 못했고 신중하지 못했고 내일은 없다는 듯이 굴었다. 한마디로 건방을 떨었다. 시작은 간절했지만 끝은 처절했다.

넘어지지 말아라

한창 돈줄이 막혔을 때 아는 분이 찾아와 나를 보험회사로 데려갔다. 잠깐 기다리라더니 자신의 보험으로 약관대출을 받아서 선뜻 건네는 것이다. 1,000만 원이 넘는 금액.

"넘어지지 말아라."

몇몇 아는 동생들도 자기 살림살이가 빡빡한데도 나를 위해 기꺼이 주머니를 털었다. 완전 폭망한 뒤에 집도 뭐도 다 잃고 가족들 데리고 거리로 나앉았을 때도 너무도 큰 도움을 받았다. 살 곳을 얻었고 집수리 일을 배웠다. 그 설비 사장님을 평생 잊을 수가 없다. 돌이키면 여러 사람한테 크고 작은 도움을 받으며 여기까지 왔다.

그 도움을 잊을 수가 없어서 나도 늘 나누고 베풀고 살자고 마음에 새겨두고 어떻게든 애써 왔다. 이제는 내가 가장 잘하고 좋아하는 일을 죄다 나눠 줄 때가 온 것이다. 나를 찾아온 사람들이 강쌤철물의 문을 두드리는 사람들이 넘어지지 말라고.

망하고 나서 개인 파산신청을 하지 않았다. 여러 이유가 있었지만 무엇보다 자존감을 지키고 싶었다. 줄곧 간절한 마음으로 살아온 내가 어쩌다 이 지경이 됐는지 잊고 싶지 않았다. 개인파산을 했으면 좀 편했을지도 모른다. 대신 자존심도 간절함도 사라진 빈껍데기가 됐을지도 모를 일. 그 마음으로 10년 동안 빚을 갚아 나갔던 것이다.

내가 출연한 '체인지 그라운드' 유튜브 첫 화면에 이런 문장이 뜬다.

'이 인터뷰는 댓글 하나로부터 시작됐습니다.'

그 댓글은 내가 썼던 것인데 간단하게 정리한 나의 인생 스토리였다. 산전수전에 우주전까지 두루두루 섞인 나의 인생도 눈길을 끌었겠지만 아마도 이 문장이 특히 흥미가 당겼던 모양이다.

'오늘은 또 어떤 일들이 펼쳐질지. 55살, 지금도 매일매일 설레는 마음으로 출근합니다.'

간절함이 통한다면 20대든 60대든 누구든 함께할 것이다. 그래서 누구나 매일매일이 설레고 즐겁게 만들고 싶다. 누구나 체인지 그라운드, 체인지 라이프 하도록 돕고 싶다. 진심 백프로다.

강쌤철물아카데미는 빡세다

20년 노하우를 한방에

대기업을 다니는 스물세 살 청년입니다. 처음 간절하게 구리에서 대표님을 만나 뵈었습니다. 그때 대표님께서 계속 관심을 갖고 있지 않으면 '마음이 식어 갈 수도 있다' 하여 관심의 끈을 놓지 않기 위해 부산에서 왕복하며 수업을 들었습니다. 그동안 즐거웠고 하면 할수록 더 깊게, 더 많이 배우고 싶다는 열망이 강해졌습니다. 부산과 구리의 거리가 멀긴 하지만 대표님 밑에서 많은 현장 경험과 노하우들을 배우고 갈고 닦아 바닥부터 성장하여 꼭 이 분야에서 성공할 수 있도록 노력하겠습니다.

철물아카데미를 찾는 분들은 몸도 마음도 한가롭지 않다. 자기 삶의 터닝포인트를 찾으려고 아등바등하는 사람들이다. 어떻게든 빨리 배우고 익혀 집수리하러 다니고 싶고 철물점을 차리고 싶어 한다. 그 마음으로 전국 각지에서 찾아온다. 구리가 수도권 도시이지만 서울에서도

1시간 정도 걸리는 낯선 곳. 먼 지방에서 오는 교육생들은 새벽부터 달려와 밤늦게 돌아가거나 전날 아카데미 근처 숙박업소를 이용하기도 한다.

초압축 초속성

그래서 철물아카데미는 몇 달을 이어가는 교육이 현실적으로 어렵다. 짧고 굵다. 한 달짜리 교육이고 일주일에 한 번씩 4주 동안 실시한다. 매회 아침 10시에 시작해 저녁 6시가 다 돼서 끝난다. 한 회에 배우는 기술이 100가지도 200가지도 넘는다.

처음 아카데미를 열었을 때는 8회 수업이었고 두 번째 기수는 6회였다. 막 시작했던 터라 내가 너무 의욕에 불탔다. 할 수 있는 한 다 가르치려고 했다. 하다 보니 너무 무리라는 생각이 들어서 세 번째 기수부터 4회로 조절했다. 4회 동안 배우는 것은 집수리의 기본 중의 기본들이다. 기본만 잘 배워도 많은 일을 할 수 있다. 나머지 일들은 결국 기본을 응용하는 것이라 일하면서 익혀 가면 된다.

1주차는 수전과 배관이다. 30가지가 넘는 수도꼭지를 보고 익히고 교체하는 방법부터 각종 배관을 비롯해 세면기, 양변기까지 200가지가 넘는 기술을 배운다. 2주차는 실리콘을 바르는 것과 페인트칠을 습득한다.

3주차는 도어와 방충망. 수십 종류의 손잡이와 번호키를 구분해 내고 교체해 본 다음 문짝을 다루고 고치는 방법, 방충망을 뜯어내고 새것으로 갈아 끼우는 작업을 한다.

마지막 4주차엔 전기차단기와 조명과 스위치와 콘센트와 각종 케이블과 전선 등 전기에 대해 집중적으로 공부하고 실습한다. 전기차단기부터 집 안 곳곳의 콘센트로 연결시키는 것은 일반 집수리다. 전기는 감전과 화재의 위험이 있는 만큼 기초이론을 이해하는 게 필수다.

4회에 걸쳐 나의 20년 경험과 노하우를 초압축 초속성으로 배우는 것이다. 양적으로도 풍부하고 질적으로도 우월하다고 자부한다.

초집중

철물아카데미 교실은 강쌤철물점과 한 건물이고 2층 공간을 쓰고 있다. 코로나 기간엔 교육생을 10명으로 제한했다. 교실은 이론을 배우고 실습도 할 수 있게 꾸며 놨다. 다 내가 갖고 있는 물건들이다. 한쪽엔 욕실 관련 물건들이 다른 한쪽엔 전기 관련 시설이 배치됐고 교육생 자리마다 양변기가 놓여 있다. 화장실도 가지 말고 그 자리에서 볼 일을 보라는 건 아니고 실습용이다. 교육생들은 1초라도 허투루 쓰고 싶지 않을 테니 그 자리에서 볼일을 보라고 하면 그럴지도 모르겠다.

수업은 거의 쉬는 시간 없이 질주한다. 잠시라도 한눈을 팔다간 중요한 걸 놓치거나 몇 가지 기술이 휙휙 지나가 버린다. 다들 완전 초집중 모드다. 점심시간에 좀 숨을 돌릴 수 있지만 그나마 잠깐 누가 시키지 않아도 교실로 돌아와 배운 것을 되새긴다.

여성반도 따로 있다. 여성들도 꽤 많이 찾아온다. 실직과 창업과 노후 대비에 남성과 여성이 다를 게 없다. 다 절실하다. 교육 내용도 남성과 여성이 다르지 않다.

간절하고 절실하다면

교육생 열에 아홉은 초보들이다. 나는 차근차근 쉽게쉽게 가르치려고 초노력한다. 교육생들은 내 말을 하나라도 빠뜨리지 않으려고 녹음도 하고 녹화도 한다. 그렇지만 압축된 과정이 머릿속에서 자연스럽게 풀어질 리가 없다. 아무리 혼신을 다해 배워도 집으로 돌아가는 순간 이미 반은 헷갈리고 반은 까먹는다. 복습해야 한다. 되새김은 선택이 아니라 필수다. 시간이 나면 하는 게 아니라 시간을 내서 반드시 해야한다.

내가 가르친 건 다 나의 유튜브에 동영상으로 올렸다. 그 영상들을 보면서 배웠던 것을 정리하고 복원하면서 기억에 꼭꼭 담아야 한다. 연습해야 한다. 손잡이 교체를 배웠다면 집에 있는 손잡이들을 떼어서 구조를 확인하고 다시 끼운다든지 아니면 새것으로 교체해 보는 것이다. 손에 익숙해질 때까지 말이다. 익숙해지면 수도꼭지도 갈아보고 번호키도 손대 보고 조명도 뜯어내 보는 것이다. 자기 집에서 해볼 거 다해봤으면 다른 집으로 가는 거다.

부모님 집이든 친척 집이든 친구 집이든 지인 집이든 찾아가서 그 집들을 대상으로 연습하는 것이다. 집집마다 수도꼭지도 번호키도 배관도 다 다를 테니까. 실전 같은 연습! 때마침 고장 난 것이라도 있으면 고치거나 교체하면 된다. 그걸 잘해 내면 자신감도 실력도 뿜뿜 솟구칠 것이다.

반대로 죄다 망가뜨릴 수도 있지만 그 또한 치러야 하는 과정이라 생각하고 의기소침하지 말길. 잘 알지 못하는 집에 손대는 건 비추다. 괜히 서로 감정만 상할 수 있다.

손에 좀 익숙해지면 그때부터는 시간을 줄이는 연습이다. 수도꼭지 하나 갈아 끼우는 데 1시간 걸렸다면 30분으로 줄이고 다시 10분으로 줄일 때까지 연습하는 것이다. 철물아카데미에선 품목별로 적정 시간도 알려주고 있다. 30평 아파트 방충망 전체 교체 90분, 변기 교체 30분, 변기 막힘 5분, 세면기 교체 30분, 일반 수도꼭지 5~15분, 씽크대 배수 교체 15분, 번호키 교체 5~30분, 주방 슬라이드 교체 20분, 주방 통후드 교체 30분, 주방 타일 120분, 현관 타일 60분 등등.

적어도 이 시간엔 끝낼 줄 알아야 한다. 집수리는 시간 싸움이다. 적정 시간 안에 일을 마쳐야 시간을 벌어 더 많은 일을 할 수 있다. 그래야 수익도 늘어난다.

하루이틀 걸릴 일은 아니다. 일주일이고 한 달이고 1년이고 손에 익숙해질 때까지 적정 시간에 끝낼 때까지 인내심을 갖고 반복 또 반복해야 할 일이다. 간절하고 절실하다면 얼마든지 해낼 수 있다고 확신한다.

월 1,000만 원 벌기

"강쌤, 저 9월에 매출 1,600만 찍었어요. 8월에 뚝 떨어져서 걱정했는데 강쌤 하라는 대로 했더니 되네요. ㅎㅎ"

4월에 교육받고 5월부터 집수리에 뛰어들었던 철물아카데미 교육생 출신이다. 언제나 밝고 씩씩한 목소리로 연락이 온다. 그해 6월에 순수익만 600만 원을 올리더니 7월엔 1,200만 원으로 수직상승했다. 방충망 시즌이 끝나면서 8월엔 500만 원으로 수직하강. 그때 좀 풀이 죽은 거 같아서 괜찮다, 잘하고 있으니 하던 대로 해라, 전단지도 돌리고 더 많이 뛰어다니라고 했더니 9월에 다시 끌어올린 것이다.

좀 널뛰는 듯 보이기도 하지만 이 일이 그렇다. 고정된 월급을 받는 직업이 아니니까 수입이 오르락내리락한다. 일희일비할 것 없이 '하던 대로' 하면 된다. 나도 예전에 일이 없을 때는 전단지를 돌렸다. 평소보다 더 많이 돌렸고 더 많은 곳을 찾아다녔다. 낮잠을 자 본 적이 없다.

초보들은 더 용감하게 달려들어야 한다. 이 일의 흐름을 체득하고 점차로 일거리도 수입도 안정적으로 자리 잡게 될 때까지 부딪혀야 한다. 전단지뿐인가. 요즘은 유튜브 블로그 카카오톡 페이스북 인스타그램 등 SNS도 많고 당근마켓 같은 곳도 있다. 이것들을 모조리 다 활용하겠다고 마음먹어야 한다. 사람이 살고 있는 아파트든 집이든 음식점, 상가 사무실, 부동산중개소 등 사람이 일하고 있는 건물이든 죄다 홍보 장소이고 마케팅 장소다.

"하다 보니까 일은 넘쳐난다는 것을 알게 됐어요. 그런데도 일이 없다고 말하는 사람들이 있어요. 좀 이해가 안 가더라고요. 일한 지 얼마 되지 않았지만 현장에서 다양한 변수를 접했고 그것을 해결하면서 많은 것을 배우고 경험하게 됐어요. 강쌤철물 교육생 출신으로 성공한 첫 번째이자 모범사례가 되고 싶습니다."

감격 감동. 무슨 말이 더 필요하겠나. 내가 잘하고 있구나. 몹시 기분이 좋았다. 집수리를 하면서 이분처럼 월 1,000만 원 벌 수도 있다. 물론 아무나 가능한 건 아니다. 월 1,000만 원은 상징적인 숫자라 할 수 있다. 직장인으로 치면 연봉 1억 원 이상이라는 얘기다.

최근 읽었던 기사 하나가 떠오른다. 국세청이 조사한 건데 2020년 현재 우리나라 직장인 평균 연봉은 3,828만 원이고 연봉 1억 원 이상은 전체 직장인 중 5퍼센트가 채 안 된다는 것이다. 연봉 1억은 직장인들에게 꿈의 숫자 아닌가.

집수리와 철물점은 엄연히 전문직이다. 전국에 철물점도 많고 집수리 기술자도 많다. 시장도 넓다. 그런데 이 일을 배우고 싶어도 딱히 방법이 없다. 대부분 자기들만 알고 있을 뿐 누구한테 가르쳐 주거나 알려주려고 하지 않는다. 반대로 간혹 가르치고 싶고 알려주고 싶어도 방법을 모른다. 그냥저냥 서로 지치고 관심도 사그라진다.

강쌤철물아카데미는 바로 여기서 출발했다. 철물의 지식과 정보, 방법과 방향을 가르쳐 주고 가리켜 주자. 철물이 창업으로서 직업으로서 전문적이고 기대 이상의 수익이 가능하다는 것과 매우 현실적이고 동시에 미래적이라는 것을 실제로 알게 해주자. 그리하여 진짜 철물인으로 살아가게 하자. 월 1,000만 원이 상징을 넘어 얼마든지 도전할 만한 목표임을 깨닫게 해주자. 꿈의 숫자를 현실의 숫자로 만들어 보자.

창업플랫폼

강쌤철물 1호점

"올해 예순여덟입니다. 철물점을 하고 싶어서 연락드렸습니다."

"어디서 하실 건데요?"

"제가 부산 사람입니다. 회사 다니다가 퇴직하고 이것저것 한답시고 일만 벌였다가 다 말아먹었어요. 그러다 강쌤철물을 알게 됐죠. 이거다 싶어서 전화부터 했습니다."

다음 날 오후 늦게 그분이 강쌤철물로 왔다. 3시간가량 많은 얘기를 주고받았다.

"곧 가게를 얻을 겁니다. 도와주세요."

"예산은 어느 정도 생각하시는지요?"

"가게 보증금하고 인테리어 비용 말고 2,000만 원 정도로 시작하려고 합니다."

"2,000만 원이면 구색 맞추기는 좀 어려울 겁니다."

"괜찮습니다. 일단 시작하고 벌면서 늘려나가야죠."

의지가 확고한 분이었다. 이틀 뒤에 가게를 얻었다는 연락과 함께 실내외 사진을 보내왔다. 사진을 보면서 내 나름대로 철물점 인테리어를 구상해 도면으로 그려서 보냈다. 며칠 후 구상한 것과 거의 다르지 않게 꾸민 사진을 받았고 나는 예산에 맞게 물품을 넣어 주었다. 철물점을 하려는 곳이 큰 시장 근처라 생활철물 위주로 선택했다. 곧바로 직원과 함께 직접 철물점을 찾아갔다. 철물점답긴 했는데 빈자리가 좀 보여서 돈을 좀 더 들여서 채웠다. 그리고 오픈! 강쌤철물 1호점이 탄생했다.

예순여덟 살 나이지만 열정적으로 일하면서 나이는 숫자에 불과하다는 것을 몸소 보여주는 분이다. 손재주도 있어서 집수리 출장도 겸했다. 현장에서 일하다 뭔가 잘 안 풀리면 그때마다 전화가 왔고 영상

통화를 하면서 일일이 설명하고 알려주기도 했다.

나는 하루에 수도 없이 영상통화를 한다. 주로 교육생 출신들이다. 현장에서 일이 안 풀리거나 잘 모를 때 긴급 도움을 요청할 때 영상으로 소통한다. 영상으로만 봐도 뭐가 문제인지 금방 알 수 있다. 교육생 전화는 무슨 일이 있어도 교육 중이더라도 무조건 받으려고 한다.

영상통화는 자가격리 15일 동안 아주 요긴했다. 처음엔 모든 일이 중단되니까 황망하기만 했는데 나중엔 영상통화의 매력에 빠져 버렸다. 자가격리를 더 할까 싶을 정도로. 그러던 어느 날.

"안 되겠어요. 할수록 모르는 게 너무 많기만 합니다. 전화로 물어보는 것도 한계가 있고요. 날 잡고 교육을 받아야겠습니다."

그분은 날을 잡고 철물아카데미에 등록했다. 일대일 교육. 워낙 기본기가 있고 학습효과도 좋아서 4회 교육을 하루에 다 끝냈다. 이후 한 번 더 부산에 갔다. 깜짝 방문.

"손님은 좀 오세요?"

"뭐 그렇죠. 밥은 먹고 살아요."

활짝 웃으며 차를 한잔 내왔다. 뿌듯했다.

현재 강쌤철물 1호점은 판매도 집수리도 잘되고 있다.

맞춤형 철물점

교육생 한 분은 일흔 살이었고 강화도에 철물점을 내고 싶어 했다. 철물점 차리는 방법과 노하우를 다 알려주고 철물도매상들과도 연결해 주었다. 그런데도 물건만큼은 꼭 나한테 받겠다고 하여 강쌤철물 차량 4대와 용날 1대를 몰고 갔다. 간 김에 철물점 진열부터 동선까지 깔끔하게 정리했다.

이분 역시 손재주도 있고 기본기가 좋아서 이것저것 잘 고쳐 왔는데 좀 더 실력을 키우려고 철물아카데미를 찾았다. 교육을 받고 더 용기백배하여 철물점도 집수리도 훈훈하게 잘되고 있다. 철물점은 분명 전문직이다. 이분 의지라면 아마도 오래오래 할 테고 평소 희망대로 아들한테 물려줄 수 있을 것 같다.

60대 초반의 교육생 또 한 분은 이미 욕실 쪽 전문가였다. 그쪽으로만 오래 일해 오다가 서울 양천구에 작은 철물점 하나 내고 집수리도 하고 싶어서 교육을 받았다. 이분 역시 철물점은 차리고 싶은데 가진 돈은 적고 어떻게 해야 할지도 몰라 나한테 긴급 구조요청을 보내왔다.

그분이 사는 곳은 일반주택 밀집지역이었다. 수도꼭지, 번호키, 배관, 전기용품, 청소용품 등 기본 중의 기본적인 것들로 우선 꾸몄다. 한쪽에다 아예 욕실을 차려서 욕실전문가라는 점을 강조했다. 일종의 맞춤형 철물점이라 할 것이다.

강쌤철물 스타일

어떤 창업이든 내가 가진 돈이 얼마인지 아는 게 중요하다. 철물점이라고 다를 게 없다. 그리고 입지 조건과 지역 특성에 맞게 물건을 구입해야 한다. 철물은 그 종류가 진짜로 많다. 하나하나 골라서 철물점을 꾸미려면 몇 년이 걸릴지 몇십 년이 걸릴지 모를 일이다. 전문가의 도움과 컨설팅이 절대적으로 필요하다.

나는 2,000만 원으로 철물점을 시작했다. 8년이 지난 지금 나의 강쌤철물은 이제 제법 구색도 갖추었을 뿐 아니라 별별 다양한 물건들이 많아서 고객들의 눈을 사로잡는다. 그동안 철물점을 생활마트처럼 꾸미려고 노력해 온 결과라 자부한다. 돈이 생기면 물건부터 사들여서 여러 개의 창고에 물건이 가득하다. 그 물건들로 지금까지 수십 개의 창업을 지원해 줄 수 있었다. 물건을 사들인 게 사람 돕는 일이 된 것이다.

강쌤철물은 당장 억대의 금액이 들어가야 하는 다른 프랜차이즈들과 분명히 다르다. 돈의 액수를 따지지 않고 금액에 맞게 창업을 할 수 있게 도와주는 프랜차이즈다. 이것이 강쌤철물 스타일이다.

올해 마흔넷인 교육생은 단 하루도 일을 쉴 수가 없는 상황이다. 지금 일도 계속하면서 집수리도 하고 싶다고 상담을 해왔다. 두 마리 토끼를 다 잡을 순 없다. 일이 손에 익숙해질 때까지 완전 자신감이 생길 때까지 연습하고 누가 봐도 됐다 싶을 때까지 홍보와 마케팅 준비를 해라. 그때쯤 일주일 정도 시간을 갖고 하던 일을 정리하고 시작하는 게 좋다고 말해 줬다.

나는 교육생들의 창업을 최우선으로 삼는다. 내가 가르쳐서가 아니라 그분들이 나를 찾아올 때의 절절한 눈빛을 알기 때문이다. 여러 사정상 갈 사람은 가겠지만 남은 사람들과는 평생 함께할 것이다. 교육생들이 강쌤철물 덕분에 용기를 얻고 성장했다면 나 또한 교육생 덕분에 용기를 얻고 성장했다. 다시 말하지만 그분들은 평생 간부다.

항해사냐 집수리냐

철물아카데미를 찾은 93년생 젊은 친구는 항해사다. '사' 자 들어가지 연봉 높지 정년(65세) 길지 만인이 부러워하고 탐낼 만한 직업이다. 항해사 되려고 해양대학을 다녔고 졸업하고 나서 곧바로 상선을 타고 대양의 삶을 살았다. 어느 날 배에서 간간이 일어나는 안전사고를 직접 목격하고 충격을 좀 받았다. 길이가 200미터 정도 되는 큰 배에서 항해사로 일한 지 3년 2개월 만에 하선했다.

"1년에 한두 번 빼고 배에서 생활해야 하는 것도 쉬운 건 아니지만 보험사도 항해사를 위험 1등급으로 분류할 정도니까 1년 정도 시간을 두고 내 삶을 총체적으로 생각해 보기로 한 겁니다. 스쿠버다이빙도 해보고 미용도 알아봤는데 유튜브로 강쌤철물 보고 집수리에 필 받았

죠. 어릴 때부터 뭔가 고치는 걸 좋아하기도 했고요."

이 젊은 친구는 호기심도 왕성하고 뭐든 일단 해보는 성격이다. 나랑 좀 비슷한 직진형이다. 4일 연속으로 배우는 속성반을 마치더니 나를 따라다니고 싶다고 연락을 해왔다. 교육생 출신은 다 데리고 다니면서 현장교육을 시키고 싶지만 현실적으로 어려운 점이 많아 늘 아쉽다. 이를 해결하는 것도 과제다.

한 달 동안 데리고 다녔다. 직원들 숙소에서 먹고 자고 할 정도로 적극적으로 배웠고 집수리에 꽤 재능을 보였다. 집수리 기술자로 성공할 가능성도 보였고 본인도 의욕이 넘쳤다. 여친 집에 가면 손을 봐야 할 것만 눈에 들어오고 보이는 대로 고치니까 점수도 듬뿍 땄단다.

집수리하고 싶다니까 부모님도 여친도 알아서 하라는 반응이었다고 한다.

"오히려 배를 안 타게 되니까 안도하는 눈치인 거 같더라고요. 처음 배를 탈 때 부모님이 걱정 많이 하셨거든요."

다른 일도 좀 더 알아보고 집수리 기술도 더 배워야겠지만 항해사를 안 하게 된다면 집수리 기술자를 1순위로 놓고 있다. 친구들한테도 얼마든지 추천할 생각이고 아예 데리고 다니면서 일을 가르치고 싶다고 할 정도다. 참 기특하고 고마운 친구다. 이런 젊은 친구가 늘어나길 기대한다.

지금은 전 세대 가리지 않고 일자리와 창업을 고민한다. 다니던 직장을 언제 그만두게 될지 모르고 어떤 직업은 통째로 사라질 수도 있는 시대다. 집수리 기술은 어느 세대한테도 동등하다. 누구나 도전할 수 있다.

창업 분투기

강쌤철물아카데미 교육생들은 삶의 갈림길에 서 있다. 매 순간 진지하고 열정적일 수밖에 없다. 때론 지푸라기라도 잡고 싶은 심정일 거다. 정말 이 길이 맞는 걸까? 불안감도 다 떨쳐내지 못했을 거다.

2021년 12월에 특강을 마련했다. 이 길에서 탄탄하게 자리를 잡아가는 교육생 출신 한 분을 모셨다. 일종의 성공사례 롤모델이었다. 본인은 아직 나설 수준이 아니라고 손사래를 쳤지만 내가 보기엔 충분했다. 서울 동작구 일대에서 집수리 기술자이자 사장님으로 맹활약 중인 '동작홈마스터님'이다.

동작홈마스터님 말고도 롤모델로 삼을 만한 분들은 여럿 있다. 그분들도 일정이 되는 대로 모실 생각이다. 그분들이 철물이라는 낯선 분야에서 창업을 하고 뿌리를 내려가는 이야기는 소중한 자산이다. 교육생들한테 큰 힘이 될 테고 분야를 떠나 창업을 준비하는 많은 사람들한테도 도움이 되지 않을까 싶다.

못 하나도 박아드립니다

저는 동작홈마스터입니다.

2021년 7월에 강쌤철물아카데미 교육을 받았고 9월에 창업을 했습니다.

집수리 하러 다니는 게 재미도 있고 벌이도 좋은 편이어서

앞으로도 이 일을 천직 삼아 계속할 생각입니다.

처음엔 일단 6개월 해보자 그 안에 목표로 한 수입이 나오면

계속 가는 거고 아니면 접자 이런 마음이었는데 3개월 만에 목표를

넘어서니까 더 생각할 것도 따질 것도 없었죠.

집수리를 하기 전엔 직장인이었습니다.

사무직으로만 22년을 근무했고요. 철물과는 거리가 멀었죠.

다니던 회사가 꽤 괜찮았는데 코로나19로 한순간에 휘청대더라고요.

구조조정을 할 때 저도 희망퇴직을 했습니다.

동작 홈마스터
출장전문 집수리 / 자전거 정비

정환
동작 홈마스터 대표

M. 010-4110-8426
E. dlb@kakao.com
TALK @동작 홈마스터

방충망 / 현관 방충망 / 번호키 / 도어락 / 보조키
도어 클로저 / 도어 스토퍼 / 문 손잡이 / 도어 힌지

전등 LED 교체 / 센서등 / 스위치 / 콘센트
환풍기(욕실/주방)

주방&욕실 수도(수전) / 샤워기 / 빨래 건조대
싱크대: 배수구 / 경첩수리 / 후드(냄새 차단)

양변기 설치 / 변기 부속 / 세면대 / 실리콘 / 욕실장

자전거 정비: 로드 / MTB / 어린이 자전거
(전문 정비, 방치 자전거 정비, 조립 셋팅)

제가 40대 중반인데 더 나이 들어 고용불안에

시달리는 것도 싫었고 이제는 내가 나를 고용하자는 각오였습니다.

자신도 있고 능력도 된다고 생각했고요.

회사 그만두고 나서 먼저 적성테스트를 받았습니다.

손으로 하는 일이 맞다는 결과가 나왔죠.

제가 손재주가 있긴 하거든요.

집에서도 전기제품도 수도꼭지도 직접 고치니까요.

잘됐다 싶어서 손으로 하는 일을 찾아다녔습니다.

평소에 하고 싶었던 금속공예도 배우고 자전거 정비 자격증도 땄죠.

그사이에 집을 옮기게 됐어요.

마침 새로 이사 간 집 변기를 바꿔야 할 거 같아서

유튜브를 검색하다가 강쌤철물을 알게 됐습니다.

교육받고 나서 이 일이 지금 나한테 맞겠다 싶었죠.

금속공예는 재료비도 많이 들어가는데

무엇보다 작품성이 중요하더라고요. 단기간에 해결될 게 아니었죠.

판매를 해도 세금이 50퍼센트 정도 되고요.

자전거 정비는 얼마든지 할 수 있지만 계절 장사라는 한계가 있었죠.

한여름과 한겨울은 개점휴업 상태라고 보면 됩니다.

사계절 언제라도 가능한 집수리를 택하게 된 겁니다.

창업을 준비하면서 기존에 몰던 승용차를 팔고

돈을 더 보태서 소형트럭 한 대와 전기승용차 한 대를 구입했습니다.

트럭엔 집수리 관련 물건들을 보관하고 전기차로 출동을 하고 있습니다.

물론 트럭을 창고로 쓰면서도 큰 공사에는 끌고다니는데

트럭뿐 아니라 집에도 물건을 많이 갖다 놨죠.

이 방 저 방 할 것 없이 다 철물로 가득합니다.

아내가 사용하는 방만 빼고요.

다행히 아내는 제가 하는 일을 전폭 지지합니다.

아이가 아들 하나뿐인데 녀석도 저를 닮아 손재주가 남다릅니다.

종종 저랑 같이 이것저것 고치기도 하는데 재미가 쏠쏠합니다.

집수리 물건들은 강쌤의 도움을 받았습니다.

일단은 고객들이 자주 찾는 물건들 중심으로 골라주셨습니다.

400만 원 정도 구입했죠. 제가 사용할 장비로 40여만 원 들었고요.

홍보비로도 40만 원가량 썼습니다.

자동차에 부착할 전단과

여기저기 뿌릴 전단지 제작비죠.

전단지 만드는 데 공 좀 들였습니다.

강쌤 전단지라든지

다른 교육생 선배분들 전단지도

참고하면서 머리를 굴렸죠.

사실 강쌤철물아카데미 교육을 받게

된 결정적 계기가 전단지였습니다.

강쌤이 시간 나는 대로 전단지를 돌리

라고 하는 말이 너무도 신선했거든요.

강쌤은 지금도 전단지를 돌리고요. 막말로 누가 요즘 전단지를 돌려?

그런 생각이 들 만하잖아요.

간절함과 열정으로 전단지를 돌리라는 말인 것이죠. 진심이 느껴졌죠.

기술만 가르친다고 했으면 되돌아 나왔을 겁니다.

작년 연말엔 저도 홍보용 달력을 제작했습니다. 강쌤을 따라 한 거죠.

음식점이라든지 상가에 돌렸는데 기대 이상으로 효과가 좋았습니다.

창업을 하고 나서 맨 먼저 한 것도 전단지 돌리기였습니다.

홍보문구로 도배된 자동차를 몰고 이 동네 저 동네 샅샅이 누볐고

아파트 빌라 연립 상가 부동산업소 오피스텔 가릴 것 없이 전단지를

뿌렸습니다.

교육받은 대로 일이 들어오든 안 들어오든 날마다 전단지를 돌렸고

공부하고 연습했죠.

마침내 집수리를 의뢰하는

전화가 왔습니다.

설레고 신기했습니다.

막상 집수리 현장에 가니까

진짜로 달랐습니다.

아무리 실전 같은 연습을 했더

라도 '실전'과 '실전 같은'은 같

을 수가 없었습니다.

저는 집에 가서도 세 시간 넘게 수많은 집수리 영상을 보면서

공부도 하고 연습도 합니다.

현장에선 완전 깜깜해지기도 하고

가슴도 떨리고 손도 자연스럽게 움직이지 않았죠.

그래도 어떻게든 하다 보니까

머리에 떠오르고 가슴도 진정되고 손놀림도 익숙해졌어요.

처음엔 시간이 꽤 걸렸습니다.

강쌤이 알려준 예상 시간을 훌쩍 뛰어넘었습니다.

시간은 어쩔 수 없고 꼼꼼하게 하자는 마음으로 일을 끝냈습니다.

고객도 만족해 했고요.

하루에 두세 건 서너 건씩 의뢰가 늘어나고

제 자신감도 늘어만 갔지만 진땀 나는 일도 많았습니다.

쉽게 보이는 일인데 도무지 해결책을 못 찾을 때도 있었고

처음부터 접근을 잘못해서 일을 크게 만들어 버린 경우도 있었고요.

그때는 이런저런 핑계를 대고 잠시 밖으로 나가서 긴급 도움을 구합니다.

강쌤한테 전화를 걸죠.

강쌤은 무슨 일이 있어도 교육생 전화는 받는다고 하고

실제로 그렇게 합니다.

난감할 땐 강쌤철물 단톡방에

문자를 날리기도 합니다.

여러 선배들의 주옥같은

해결책이 주르르 올라오죠.

이럴 때 단톡방은

꼭 상황실 같습니다.

우리 단톡방의 특징이고 매력이죠.

단톡방만 잘 활용해도 서로서로

큰 힘이 되고 도움이 될 겁니다.

집수리를 시작하고 서너 달

지나가면서 여러 면에서 안착하고

있다는 느낌이 들었습니다.

제 활동범위를 살펴보니까 대체로

반경 3킬로미터 안팎이더라고요.

이 일은 빠르게 이동하고 빠르게

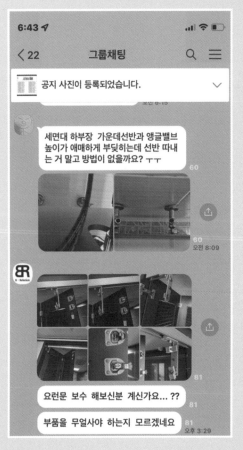

일을 끝내는 게 생명이죠.

제가 활동하는 지역은 좁은 골목이 많은 곳이라 소형 전기차가 최고죠.

인근에 철물 도매업소도 단골로 삼았죠.

필요한 물건을 제때 빠르게 구입할 수 있고

제가 자주 사용하는 물건을 미리 갖다 놓기도 하니까요.

집수리 창업 준비하는 분들은 해당 지역의 상황과

소비자들의 일상이 어떠한지를 잘 살펴보고 잘 따져 봐야 할 거예요.

꿀팁 하나 소개할게요.

바로 당근마켓입니다.

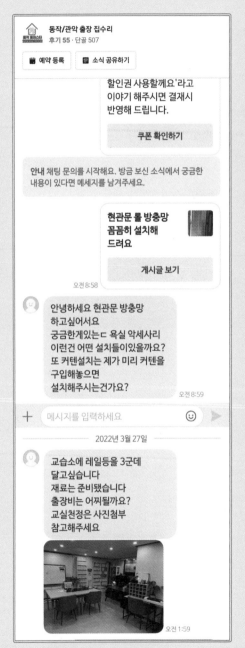

저는 블로그도 하지만 당근마켓을
아주 적극적으로 활용합니다.
저는 이곳에다 그날그날
집수리 정보라든지
작업 후기라든지 소식을 올립니다.
하루 한 개는 올린다는 마음으로요.
그걸 보고 채팅방으로 문의가
들어오죠. 인터폰 고쳐 달라,
싱크대 배수통 바꿔 달라 등등
생각보다 주문이 많습니다.
때론 새벽 1시나 2시에도
채팅 알림이 울립니다.
잠이 쏟아져도 일일이 다
응답해 주죠. 결국은 고객이 되거든요.
당근마켓에 고객 스스로 직접
고치거나 교체하는 방법도 올립니다.
일종의 서비스죠.
수도꼭지나 전등을 구입하긴 했는데
또는 구입 예정인데 어떻게 해야 할
지 모르는 분들을 위해 설치만 대행
해 주겠다는 글도 올리고 있습니다.

이 문의도 꾸준히 이어집니다.
이런 식으로 당근마켓에
많은 단골이 생겼고 소식을 받는
사람도 600명 가까이 됩니다.
당근마켓을 통해 쿠폰 증정이나
할인율 적용 등으로
단골 늘리기 작전도 펼치고 있죠.
자기 일에 미친 듯이 달려들면
안 보이던 게 보이고 생각지도
못했던 것을 생각하게 되더라고요.
집수리는 좋은 직업이고
누구에게라도 추천하고 싶습니다.
그렇다고 이 일이
별스러운 건 아닙니다.
다른 어떤 일과 마찬가지로
단숨에 전문가처럼 될 수도 없고
짧은 시간에 대박을 칠 수도
없다는 것이죠.
나이가 몇이든 누구든 신입사원
마인드로 시작해야 합니다.
일반 회사에서 신입사원은 능력 여부

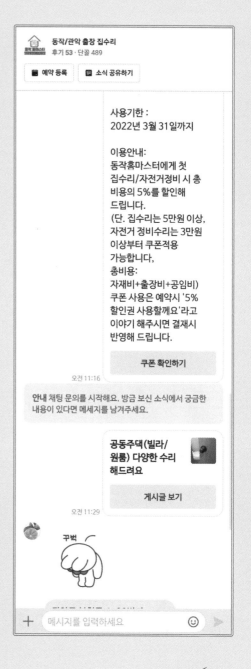

를 떠나 위에서 시키는 대로 하죠.

업무에 익숙해질 때까지요.

공부하고 연습하고 반복하고 전단지 돌리고.

저도 초보니까 강쌤이 시키는 대로 시작했죠.

그러다 보니 어느 틈엔가 실력이 늘어나고 시야가 넓어졌습니다.

중간중간 고비도 찾아왔고

어려운 시기도 있었지만 꾸준히 열정으로 버텼습니다.

어떤 일이든 피하지 말고 일단 해보는 것도 중요하다고 생각합니다.

'반드시 해낼 거야'라는 마음으로 덤비고 부딪히는 거죠.

시간이 오래 걸려도 해결책을 찾게 되니까요.

저는 실수를 하면 그 자리에서 인정합니다.

강쌤이 말하는 '정직하겠습니다',

'확실히 하겠습니다'를

그대로 실천하고 있습니다.

그러니까 진짜로 고객들

신뢰를 얻게 되더라고요.

집수리 다니면서 고객들이

정말 좋아하고 고마워하는 걸 보면

아주 뿌듯합니다.

이 일을 잘 선택했다고 자부심이

막 생기죠. 철부심이라고 해야 하나요?

이런 일도 있었습니다.

제 차에 '못 하나도 박아드립니다'라고 써 붙이고 다닙니다.

언젠가 그걸 보고 전화가 왔습니다.

"정말 못 하나도 박아 줍니까?"

"네."

흔쾌히 대답은 했지만 '하필' 그날따라

일이 많아서 속으론 얼른 집에 가서 쉬어야겠다 생각했거든요.

사방팔방으로 돌아다니면서 약속을 한 거니까 지켜야죠.

가봤더니 베란다 벽에 걸린 선반이 덜렁거렸습니다.

못 두 개 박고 고정시켰죠. 고객이 5천 원과 음료를 주시더라고요.

괜찮다고 서비스라고 사양했는데도 주머니에 억지로 쑤셔 넣더라고요.

이사할 때 부르겠다면서요.

몇 달 뒤 진짜로 연락이 왔습니다.

이사 갈 집 실내 거의 전체를 봐달라는 겁니다.

그날 못 박아 준 게 너무도 고마워서 항상 제 명함을 갖고 다녔다는 거죠.

자잘하고 사소한 일에도 최선을 다해야 한다는 걸 절감했습니다.

가끔 원룸에 사는 대학생이나 젊은 친구들한테는 좀 싸게 해주기도 합니다.

대충하지도 않고 늘 하던 대로 성실히 합니다. 친절도 빼놓지 않죠.

그분들이 언젠가 취업을 하거나

결혼을 하거나 집을 사거나 할 때 저를 찾아 줄지도 모르잖아요.

그래서 저는 제 일을 '소소한 집수리'라고 소개해요.

고객들이 많이들 그러더군요.

어떤 업자들은 사소한 거라 안 해주고, 차일피일 미루기 일쑤고,

시간과 일정도 잘 안 지키고, 게다가 불친절하기까지 하다고요.

저는 그 반대로 하려고 애쓰고 있어요.

큰돈이 되는 기술을 익혀 분야를 마구 넓혀 나가기보다는

고객들이 작지만 가장 원하는 일들을 해결해 드리고 싶어요.

옷 속에 머리카락 하나 들어가면 계속 신경 쓰이고 가렵잖아요?

그런 가려움을 시원하고 재빠르며 친절하게 긁어주는 작은 기술이랄까요?

'사소한 수리, 신속함, 친절한 응대.'

소소한 집수리 전문가로 제가 내세우는 세 가지 경쟁력입니다.

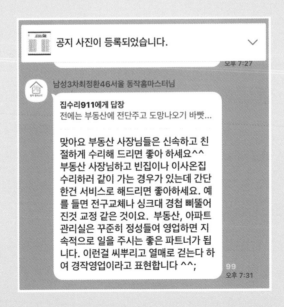

깐부네트워크

강쌤철물아카데미는 나이 불문 계급장 불문이다. 몇 살이든 어디서 왔든 무슨 일을 했든 묻긴 하지만 따지지는 않는다. 자기보다 먼저 교육받은 사람들한테 편하게 선배라 부를 뿐이다. 다들 같은 출발선에 서 있고 같은 일을 배우고 하게 된다. 전국 각지에서 와서 전국 각지로 퍼져 나간다. 자연스레 네트워크가 이루어진다. 강쌤철물 프랜차이즈의 바탕이다.

언뜻 생각하기엔 교육생들은 서로서로 잠재적 경쟁자들이다. 자칫 불필요한 대립이나 갈등이 생기거나 제 살 깎아 먹기가 될 수도 있다. 그럴 거라면 애초에 아카데미를 열지도 않았을 것이다.

몇 번이나 강조하듯이 세상은 넓고 건물은 많고 철물이 할 일은 더 넓고 많다. 다들 자기 몫만 잘해도 충분히 먹고살고 삶을 즐길 수 있다. 내가 바라는 건 경쟁이 아니라 공조하고 공생하는 관계다.

강쌤철물 '깐부' 네트워크! 각자 알아서 자기 일을 하다가 필요할 때는 서로 뭉쳐서 도움을 주고받는 관계. 먼저 전선에 나간 교육생이 후발주자에게 자신의 경험과 정보를 나누어 주고 후발주자는 일을 도우면서 배우는 관계. 교육생 출신 동작홈마스터님과 장반장집수리연구소님이 바로 그렇다. 내가 꿈꾸는 관계의 정석이다.

케미스트리

안녕하세요?

장반장집수리연구소의 장반장입니다.

2021년 11월에 창업했습니다.

강쌤이 스승님이고 동작홈마스터님이

저의 사수라고 할 수 있죠.

활동지역이 같아서

제가 먼저 찾아갔고

여러 도움과 조언을 받았습니다.

이제는 저도 혼자서 잘하고 종종

동작홈마스터님과 함께

일도 찾고 일도 하고 있습니다.

저는 40대 초반이고 줄곧 사무직으로 일했습니다.

코로나19로 가장 세게 타격을 받은 항공사가 바로 전 근무지였죠.

업계가 완전 무너졌으니 퇴직이고 뭐고 할 것도 없었죠.

오전엔 택배를 하고 오후엔 일자리를 알아봤습니다.

누구는 엎어진 김에 쉬어 가라고도 했지만 그건 저한테 사치죠.

우리 부부는 아이가 셋입니다. 아직 다 어리고요.

다달이 들어가야 할 비용이 적지 않아서 어떻게든 일을 해야 했죠.

한창 일자리를 검색하다가 유튜브에서 체인지 그라운드를 보았습니다.

놀랐어요.

세상엔 살아가는 방법도 참 많고 사람들도 참 다양하게 살아가는구나.

사무실에서만 일했던 저한테는 세상이 달라 보이더라고요.

동기부여가 됐죠.

그러다 강쌤 이야기를 보고 이거다 싶었죠.

저는 생활비 비중이 커서 창업을 해도 초기 비용이 적어야 했어요.

철물은 딱 맞는 거 같아서 그 길로 아카데미를 찾아간 겁니다.

저는 집을 사무실 겸 창고로 쓰고 강쌤 도움으로

50만 원 정도 비용으로 물건을 구입했습니다.

다행히 아내도 제 선택을 지지해 줬죠.

사실 철물이라는 집수리라는 직업에 대한 타인의 시선이 신경 쓰였습니다.

교육생 중에서도 그런 분이 적지 않고요.

저처럼 기업체 사무직 출신들은

바깥을 돌아다니면서 일을 하는 것에 대해 편견 같은 게 있기도 했고요.

일을 시작하니까 그렇지 않다는 것을 확실히 알았죠.

세상은 누가 무슨 일을 하든 개의치 않았고

집수리 기술자를 진심 전문가로 인정해 주더라고요.

일을 다 마치고 났을 때 고객이

진심 감사해 하는 모습을 보면 자부심도 빵빵해지고요.

집수리 사업자등록을 내고

일을 시작했을 때 동작홈마스터님을 찾아갔습니다.

처음엔 좀 걱정도 되고 해서 망설였죠.

같은 지역이니까 경쟁상대라 생각했거든요.

첫 대면을 하던 날 동작홈마스터님이

제 걱정을 듣더니 옥상으로 데리고 올라가더라고요.

지역을 쭉 둘러봐라.

아직 저 많은 집 10퍼센트도 둘러보지 못했다.

둘이든 셋이든 그 이상이든 일거리는 많다.

이렇게 말하고 항공사진도 보여주는 겁니다.

헌 집은 수리할 게 많고 새집은 곧 일할 게 나올 거다.

열심히 꾸준히 하면 된다.

그제야 제 시야가 너무 좁았구나 생각했죠.

그날 이후 동작홈마스터님 따라쟁이가 됐죠.

집수리 일이란 게 종종 외로울 때가 있습니다.

모든 것을 혼자서 다 해야 하니까 긴장도 되고 압박감도 생기죠.

함께하는 사람이 있으면 좋겠다는 생각이 들기도 합니다.

이 일을 시작할 때 동작홈마스터님 같은 분이

곁에 있는 것만으로도 큰 힘이고 위로가 됐죠.

일뿐만 아니라 서로 인생상담도 할 수 있고 하소연도 늘어놓을 수 있고요.

한번은 집수리를 하다가 전선을 잘못 건드려서

전기를 다 나가게 한 적이 있었어요.

얼마나 난감하고 창피하던지

그날 완전 좌절모드로 동작홈마스터님을 찾아갔죠.

그랬더니 동작홈마스터님이

"나는 변기 물도 마셨어" 하는데 한참을 웃었죠.

이제는 철물동지가 아닐까 싶습니다.

강쌤은 인생 2막을 열어 줬고 동작홈마스터님은 빛을 줬죠.

두 분 다 참 고맙습니다.

저도 요즘은 미약하나마 빛을 나눠 주려고 노력합니다.

종종 교육생 출신 분들과 함께 일하거든요.

조명도 교체하고 방충망도 바꾸고요.

함께하니까 금방 끝나고 수다도 떨며 즐거웠죠.

강쌤철물아카데미 이름표 박은 똑같은 옷도 입었죠.

뭔가 그럴싸해 보였고 어깨가 절로 으쓱해졌죠.

교육생들이 이렇게 유기적으로

케미를 이루는 게 바로 공생이라고 생각합니다.

동작홈마스터님과 전단지 돌리다가 부동산중개소가

생각 이상으로 틈새시장이라는 걸 알았습니다.

부동산중개소가 관리하는 주택이나 사무실이 많거든요.

집수리 할 일도 많다는 얘기죠.

그런데 대체로 자잘한 일들이다 보니 인테리어 업체들한테

연락하면 썩 내켜 하지도 않고 제시간에 오지도 않는다는 거예요.

우리야 부르는 즉시 달려가니까 부동산중개소 분들이 좋아할 수밖에요.

발품을 파는 만큼 일도 생기고

틈새시장도 찾게 된다는 거 진짜로 팩트입니다.

철물人토피아

전국구 강쌤철물

"여기 분당입니다. 50평 아파트인데요, 거실 새시 모헤어(틈새막이용 섬유)를 싹 교체하고 싶어서 문의드립니다."

"분당은 여기서 너무 멀어서요. 출장이 어렵습니다."

"강쌤철물이니까 굳이 연락한 건데요. 교육생 중에 이쪽에서 일하시는 분 없을까요?"

"애써 연락 주셨는데 죄송합니다. 아직 소개해 드릴 만한 분이 없습니다."

강쌤철물아카데미가 거의 브랜드가 돼가는 거 같다. 아카데미로 들어오는 집수리 의뢰가 갈수록 많아지고 있다. 초반에는 좀 망설였다. 교육생 출신으로 집수리에 나섰어도 대부분 초보였고 그 수도 적었다. 그 전화를 받고 생각이 좀 달라졌다. 그만큼 강쌤철물아카데미를 알아주고 신뢰한다는 얘기 아닌가. 아닌 게 아니라 출장을 가거나 길을 오

갈 때 나를 알아보는 사람도 적지 않다.

이제는 집수리 창업을 한 교육생 출신들도 크게 늘어났고 전국에 퍼져 있다. 문의가 들어오면 그 지역에서 활동 중인 교육생 출신들을 연결해 주고 있다. 자연스럽게 강쌤철물 네트워크가 이루어지는 중이다.

실제로 철물아카데미 출신들의 단톡방엔 강쌤철물아카데미 전국체인망이라 하여 철물점과 집수리 상호와 연락처가 지속적으로 업데이트되고 있다. 아직 초기인데도 서울·부산·통영·광양·논산·대구·군산·의정부·강릉 등 수십 곳이 넘는다.

나는 꿈꾼다. 대한민국 어디서든 집수리가 필요하다는 의뢰가 들어오면 "넵! 지금 갑니다" 하면서 곧바로 달려갈 수 있도록 인적 네트워크를 구축하는 것이다. 바로 철물人토피아다.

떴다방 말고 야쿠르트 아줌마

떴다방

고객에게 항의전화가 왔다. 바가지를 썼다고 한다. 아래층으로 물이 새고 있다고 의뢰를 해온 곳이었다. 인근에서 활동 중인 교육생 출신 한 분을 연결시켰다. 싱크대 아래 배관이 막혀 물이 고이는 바람에 아래층에 누수가 생긴 것이다. 막힌 곳을 뚫어 주고 물이 새던 곳을 마감처리 해주면 되는 일이었다. 그리 어려운 일도 아니고 시간을 오래 들일 일도 아니었다. 실제로 일 마치는 데 30분도 안 걸렸다고 한다. 달라는 대로 지불은 했지만 금액이 좀 납득이 안 돼서 여기저기 알아보니 바가지 쓴 게 분명한 거 같다는 얘기다.

확인해 보니 바가지가 맞았다. 금액을 너무 부풀렸다. 내 생각에 두세 배는 더 받았다. 보통 집수리 비용은 자재비 + 출장비 + 공임비(인건비)로 결정된다. 자재비와 출장비는 '시가'가 빤한 편이라 업체마다 개인마다 별 차이가 나지 않지만 공임비는 기술과 능력의 대가이니만큼 다 다를 수밖에 없다. 그렇더라도 누가 봐도 납득할 만한 수준이어야 한다. 기술이 좀 딸려서 아직 초짜여서 10분 걸릴 일을 30분이 넘게 하고도 시간으로 계산해서는 안 되는 것처럼. 30분 걸릴 일을 10분 만에 끝냈다 해서 적게 주려고 하면 안 되는 것처럼.

종종 과도한 금액을 요구하는 인테리어 업체나 집수리 기술자를 본다. 이들은 어느 순간 다른 동네로 가버린다. 평판과 인심을 잃고 그

동네서 버틸 수가 없는 것이다. 전화번호도 바꾼다. 그렇게 여기저기 돌아다니는 업체나 업자가 가끔씩 보인다. 거의 떴다방이다.

한 동네서 전화번호도 그대로 오래오래 일하는 업체나 집수리 기술자라면 한마디로 묻지마 패스라고나 할까. 내가 직원으로 일했던 철물점 사장이 그랬다. 그는 그 동네 사람이 아니고 외지인인데도 철물점을 차리자마자 금방 정착했다. 합리적인 가격에 만족도 높은 서비스에 적극적인 영업과 마케팅으로 한순간에 고객의 신뢰를 쓸어 담았다. 기존 몇몇 터줏대감 철물점들에겐 없었던 미덕이자 경쟁력이었다. 나는 그 사장한테 많은 것을 배웠고 느꼈고 이후 내가 사업을 하는 데 지침이 되기도 했다.

철물점이든 집수리든 기술과 실력 이상으로 신뢰가 중요하다. 신뢰라는 건 순식간에 무너지기도 하고 한번 무너지면 복원하기가 참 어렵다. 동네를 기반으로 하기 때문에 더 그렇다. 전화로 항의한 고객은 '강쌤철물'이란 이름을 믿어서 의뢰를 했다. 그런데 믿는 도끼에 발등이 찍혔다. 아팠다. 이 사실을 교육생들의 단톡방에 알렸더니 한 분이 이런 글을 올렸다.

"요즘은 정보의 확산 속도와 파급력이 매우 크다는 것을 느낍니다. 출장 집수리는 이웃과 지역을 기반으로 하기 때문에 신뢰와 책임 있는 수리로 만족을 드리는 것이 제일 중요하다고 봅니다. 참고로 연구에 의하면 서비스에 불만이 있어도 94퍼센트의 고객은 말하지 않고 경쟁업체로 떠난다고 하고, 불만 고객 31퍼센트는 주변에 험담과 소문을 낸다고 합니다."

고객은 어쩌다 호갱이 될 수는 있어도 날마다 호갱인 건 아니다. 내가 누군가를 호갱으로 대하면 나도 반드시 누군가에게 호갱이 된다. 그게 세상 이치다.

적정가

기술이라는 무형을 어떻게 가격으로 매겨야 할까? 자기가 청구하는 비용을 고객이 납득하면 된다. 지금 집수리는 어떻게 해야 하는지 어떤 기술 어떤 노동이 들어가는지 자세히 알려주는 게 중요하다. 집수리도 거래다. 거래가 성사되려면 상대를 이해시켜야 하는 건 기본. 성실한 태도와 정확한 설명은 필수. 대화의 기술이 필요하다.

야쿠르트 아줌마

교육생 출신 한 분이 단톡방에 올린 경험담 하나 소개한다.

제가 사는 동네에서 집수리를 했습니다. 방화문이 기울어졌고 번호키도 문제가 있었습니다. 의뢰인이 돈을 아끼려고 직접 손을 댔는데 되레 손만 더 가도록 해놨습니다. 문도 번호키도 바로잡고 정비했고 문밖이 바로 길이라 안전장치도 달아 주었습니다. 10평 남짓 작은 집에 부부와 아이 둘이 살고 있는데 한눈에도 살림살이가 어려워 보였습니다. 밤새 알바까지 하고요. 그래서 2만 원 받고 나왔습니다. 그런데 반갑게 맞이해 주던 여덟 살, 세 살 아이가 눈에

밝혀 우리 아이들이 어릴 적에 봤던 그림책 100권 정도를 포장해 갖다주었습니다.

예전에는 바쁘게 사느라 이웃도 모르고 살았는데, 집수리를 하면서 이웃도 생기고 서로 형편이 되는 대로 도와주기도 해서 참 좋습니다. 이 일이 예전만큼 풍족하지는 않지만 마음은 더 부자가 되고 있습니다. 집수리하시는 분들 중에 일하러 갔다가 어려운 처지를 보고 오히려 도와주고만 왔다는 말이 이제야 이해가 갑니다. 앞으로 저도 더 많이 나누며 살고 싶습니다.

교육생 출신으로 집수리하는 또 다른 분이 누수 의뢰를 받고 방문한 곳은 노부부만 계신 집이었다. 다른 곳은 멀쩡했고 변기가 문제였다. 부품을 교체하고 나오다가 문득 예전에 근무하던 곳에서 수도 요금을 환급받았던 기억이 나서 다시 들어갔다. 공사 전후 사진과 세금계산서 등을 갖춰서 수도사업소에 민원을 넣어 보라고 알려줬다. 두어 달 지나서 이렇게 연락이 왔다.

"어제 수도요금 10만 원 중에 3만 원을 환급받았습니다. 너무 고맙습니다."

이 일을 하면서 가장 기분이 좋은 날이었다고 단톡방에 올렸다.

요즘은 이름이 바뀌어서 더 이상 그리 부르지는 않는 거 같지만 야쿠르트 아줌마는 뭔가 달라 보였다. 어르신들이 잘 지내나 확인도 하고 주민들 이야기도 들어주기도 하면서 동네랑 친밀하다. 한 철물점 사장님은 철물점엔 재고가 생길 수 없다고 말한다. 어떤 부품이든 언젠가는 누군가라도 찾게 된다는 것이다. 그만큼 철물은 사람들과 밀접하고 생활에 깊숙이 들어와 있다. 철물점을 하든 집수리를 하든 동네와 주민 속에 있다는 건 팩트다.

강쌤철물 프랜차이즈

마스터 과정

이제는 철물아카데미에 마스터 과정도 필요할 때가 됐다고 생각한다. 교육이 끝나자마자 곧바로 실전에 투입할 수 있도록 고급기술과 걸맞은 실력을 갖추게 하는 과정이다. 영업방식과 홍보전략도 실전용으로 배운다. 현장 실습에 중점을 두고 지금처럼 4주 4회 교육이 아니라 한 달 내내 쉬는 날도 없이 교육을 하는 것이다. 그야말로 완전 심화 과정.

종목별 마스터 과정도 있다. 현재 진행 중인 방충망 교육 같은 것이다. 보통 4월부터 9월까지가 방충망 시즌인데 한창때는 일출부터 일몰까지 꼬박 일해도 모자랄 정도로 일감이 넘쳐난다. 이때는 하루 100만 원 넘는 수입도 가능하다. 나는 방충망 시즌엔 두 배 이상 벌었다. 한 달 동안 총 10회 교육으로 방충망에 관한 완전 전문가가 되는 과정이다.

강쌤철물 유니폼

야쿠르트 아줌마 하면 자연스레 노란 유니폼이 떠오른다. 그 유니폼
은 신뢰의 상징이기도 하다. SK나 KT 등 통신사라든지 LG나 삼성 등
A/S 기사들은 유니폼을 입고 다닌다. 유니폼에 크게 회사 이름과 로고
를 새기고 이름표를 달았다. 유명 택배사 기사들도 유니폼이 상징이다.
유니폼은 신뢰의 상징이기도 하지만 책임과 의무를 되새기게 한다.

강쌤철물도 유니폼을 입으면 어떨까 생각해 본다. 남자 집수리 기술
자가 고객 집에 방문했을 때 여성 혼자만 있는 경우는 서로가 좀 불편
했다. 내가 그랬고 다른 사람들도 대체로 공감한다. 혼자 사는 여성들
도 마음 놓고 연락을 할 수 있는 집수리. 강쌤철물 유니폼을 입고 찾
아간다면 흔쾌히 문을 열어주는 장면을 상상해 본다. 막힌 곳을 뚫어
주고 너무 큰 비용을 청구했던 교육생 출신 그분도 유니폼을 입었다면
어떠했을까. 아마도 그렇게 하지는 않았을 거라 생각한다.

완전 새로운 프랜차이즈

강쌤철물 프랜차이즈는 기존 여러 프랜차이즈와 다르다. 이것이 내
목표다.

개인들이 자기 역량을 최대한 발휘할 수 있게 한다. 촘촘한 네트워크
로 서로 협력하고 공유하며 공생한다. 창업플랫폼이자 실시간 소통 및
지원 센터이고 정보와 교육 캠프인 것이다. 이것은 시스템을 구축하는
일이다. 지금까지의 강쌤철물을 종합적으로 구석구석 되돌아보고 있

다. 투자자하고 얘기도 하고 있고 컨설턴트 의견도 경청하면서 궁리 또 궁리 중이다.

〈Dreams come true〉의 노랫말처럼 '내가 원하는 대로 자신 있는 모습 그대로' 만들고 싶어서.

금쪽같은 수다들

철물인들의 ASMR은 아마도 난타 아닐까 싶다. 해머와 드릴 등 각종 공구와 장비가 내는 타악의 향연. 쿵쿵~ 윙윙~ 탕탕~ 보통 사람들에겐 진짜로 소음이겠지만 철물인들한테는 일의 즐거움과 보람으로 가득 찬 백색소음. 강쌤철물아카데미엔 하나가 더 있다. 24시간 수다가 끊이지 않는 강쌤철물 단톡방이다.

강쌤철물아카데미 교육생 출신들의 단톡방 참여자가 어느새 300명을 넘어섰다. 많은 분들이 교육을 받았다. 그중엔 철물점을 차린 분도 있고 집수리하러 동네방네 누비는 분도 있고 출격 대기 중인 분들도 있다. 단톡방엔 이분들이 현장에서 겪은 생생한 체험담이 실시간으로 올라온다. 하나하나 어디서도 쉽게 접할 수 없는 금쪽같은 수다들이다.

긴급 대응 본부

> 천장 선인데 메인은 아니고 점프선이거든요. 이런 선을 뭐라고 하나요? 이렇게 점프 돼 있는 집에 가면 전선이 다 벗겨져서 구리가 밖에 나와 있더라고요.
> HIV IV 단선입니다. 전기를 많이 쓰면 얇은 선들은 뜨거워졌다 식었다를 반복하면서 삭는다고 하더라고요. 굵은 선으로 바꿔 주면 좋죠.

아무튼 현장은 언제나 예상을 벗어난다. 하룻강아지 몇 마리가 난장판을 만들어 버린 꼴이다. 당황한 집수리 초보들은 잠시 자리를 벗어나 나한테 전화를 걸거나 단톡방에 질문을 한다. 눈으로 보고도 무슨 상황인지 도무지 파악이 안 될 때도 있고, 장비나 부품 이름이 생각안 날 때도 있다. 영상이든 사진이든 다 동원해 물어본다.

참 별일도 많고 난감할 때도 많다. 그때마다 나는 나대로 단톡방은 단톡방대로 즉각즉각 답을 준다. 중구난방이 아닌 핵심을 향한 풍성한 해결책이다. 서로서로 교차점검에 교차수정에 교차보완까지 일사천리. 현장에서 바로 써먹을 수 있고 곤란한 상황도 급탈출이다. 실력도 늘고 자신감도 급상승. 일타 쌍피가 아니라 일타 싹쓸이다.

TALK

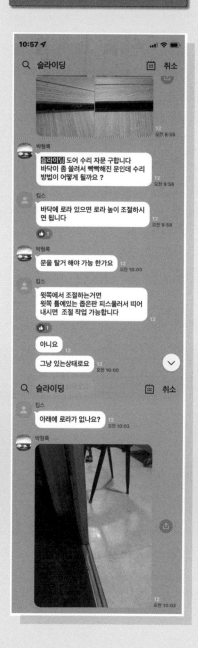

10:57

Q 슬라이딩   📅 취소

오전 9:55

박형록
슬라이딩 도어 수리 자문 구합니다
바닥이 좀 쓸려서 빽빽해진 문인데 수리
방법이 어떻게 될까요?
오전 9:56

킴스
바닥에 로라 있으면 로라 높이 조절하시
면 됩니다
오전 9:58
👍 1

박형록
문을 탈거 해야 가능 한가요
오전 10:00

킴스
윗쪽에서 조절하는거면
윗쪽 틀에있는 좁은판 피스풀러서 떼어
내시면 조절 작업 가능합니다
오전 10:00
👍 1

아니요

그냥 있는상태로요
오전 10:00   ⌄

Q 슬라이딩   📅 취소

킴스
아래에 로라가 없나요?
오전 10:02

박형록

오전 10:02

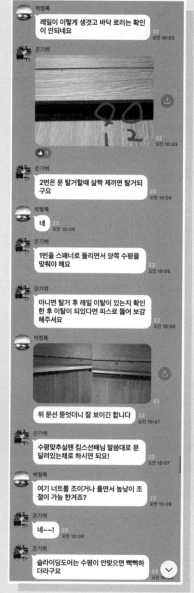

박형록
레일이 이렇게 생겼고 바닥 로러는 확인
이 안되네요
오전 10:03

은기위

오전 10:03
👍 1

은기위
2번은 문 탈거할때 살짝 제끼면 탈거되
구요
오전 10:04

박형록
네
오전 10:05

은기위
1번을 스패너로 돌리면서 양쪽 수평을
맞춰야 해요
오전 10:05

은기위
아니면 탈거 후 레일 이탈이 있는지 확인
한 후 이탈이 되었다면 피스로 뚫어 보강
해주세요
오전 10:06

박형록

오전

위 문선 뜯었더니 잘 보이긴 합니다
오전 10:07

은기위
수평맞추실땐 킴스선배님 말씀대로 문
달려있는채로 하시면 되요!
오전 10:07

박형록
여기 너트를 조이거나 풀면서 높낮이 조
절이 가능 한겨죠?
오전 10:08

은기위
네~~!
오전 10:08

은기위
슬라이딩도어는 수평이 안맞으면 빽빽하
더라구요
오전 1   ⌄

포털엔 없습니다

> ○○사 물마개 불량률이 종종 나와요. 확인해 보고 교환하면 됩니다. △△사 물마개와 호환이 가능합니다. 그래서 저는 물마개도 별도로 가지고 다닙니다. 준비해야 할 자재가 점점 늘어납니다.

> 오늘 환풍기 설치하다가 전기가 나가버렸다는 의뢰가 들어왔습니다. 가서 확인해 보니까 2구 스위치 중 환풍기 스위치가 고장이 난 게 원인이었습니다. 전등/환풍기 수리시 스위치가 고장 난 경우가 있으니 스위치 1~4구 다 준비해 다니면 상황에 대응하기 좋습니다.

그야말로 싱싱하고 생생한 수다방이다. 현장에서만 체득할 수 있는 쩐엑기스 정보들. 포털에선 결코 누릴 수 없는 호사. 정부와 지자체가 진행하는 집수리 관련 일거리 정보도 올라오고 각종 철물과 관련한 동향이라든지 현황도 지속적으로 업데되고 있다.

때때로 단톡방 안에서 활발한 토론도 벌인다. 서로가 서로에게 동기 부여가 되고 있고 아직 이 일을 할까 말까 망설이는 눈팅족들에게 용기를 주기도 한다. 언젠가는 단톡방의 각종 수다만으로 철물과 집수리의 실시간 라이브러리도 아카이브도 가능하지 않을까 싶다. 철물 집단 지성이 축적되고 있다.

철물 쪽은 이야기를 듣기가 어렵다. 이 바닥 분위기가 좀 그렇다. 오

TALK

저는 거제도에서 욕실리모델링 전문으로 하고 있는데, 집수리 하실때 도움이 되시라고 올려드립니다. 저번주에 처음으로 포세린 타일로 벽과 바닥을 시공하였습니다. 600x600 사이즈 대형 타일이어서 기공과 조공 한사람씩 써서 작업을 하였는데, 마지막에 벽에 슬라이딩장과 수건걸이등을 달기위해 구멍을 뚫는데 거의 죽을 뻔했습니다. 포세린과 폴리싱 타일이 강도가 자기질이어서 세다는것은 들어서 알고 있었지만 세도 너무 세서 일반 우리가 벽타일 뚫는 타일로는 어림도 없고 , 저번에 여기에 올려준 극강 멀티기리도 한개당 20분정도 걸리고, 그것도 나중에는 열을 받아 부러져 버렸습니다. 그래서 일제 유니카 석재용 써봐도 개당 10-20여분 걸려서 겨우 뚫었습니다. 대충 14개 구멍 뚫는데 한 2-3시간 걸린것 같습니다. 그래서 유튜브에 자료를 찾다보니 와다툴에서 나온 다이아몬드 코어홀 드릴이라는게 나와서 오후에 테스트를 해보니 기가막히게 잘 뚫리네요. 개당 약 1-2분? 방법은 약 45도 기울...

전체보기   >

83

♥ 1 👍 5

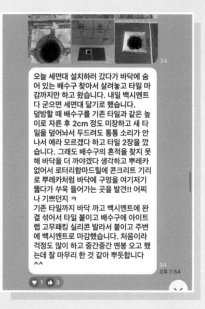
34

오늘 세면대 설치하러 갔다가 바닥에 숨어 있는 배수구 찾아놓고 타일 마감까지만 하고 왔습니다. 내일 백시멘트 다 굳으면 세면대 달기로 했습니다. 덧방할 때 배수구를 기존 타일과 같은 높이로 자른 후 2cm 정도 미장하고 새 타일을 덮어놓서 두드려도 통통 소리가 안나서 에라 모르겠다 하고 타일 2장을 깠습니다. 그래도 배수구의 흔적을 찾지 못해 바닥을 더 까야겠다 생각하고 뿌레카 없어서 로터리함마드릴에 콘크리트 기리로 뿌레카처럼 바닥에 구멍을 여기저기 뚫다가 쑤욱 들어가는 곳을 발견!! 어찌나 기쁘던지 ㅋ 기존 타일밑에 바닥 까고 백시멘트에 완결 섞어서 타일 붙이고 배수구에 아이트랩 고무패킹 실리콘 발라서 붙이고 주변에 백시멘트로 마감했습니다. 처음이라 걱정도 많이 하고 중간중간 멘붕 오고 했는데 잘 마무리 한 것 같아 뿌듯합니다 ^^

34
오후 7:54

♥ 1 👍 3

정기반 8기 최수홍입니다. 단톡방에 자주 올라오는 질문으로 전기 쪽 문의가 많으신거 같아서 알고 있는 내용을 적어볼까 합니다.
차단기에 4선? 빨.청.흑.백 (색상은 정해져 있지 않음) 3상4선식이라고 R. S. T. N 이렇게 4개선. RST는 380볼트가 항시 흐르고 있어서 핫선 또는 활선 또는 RST에 첫번째를 대표로 해서 R선...이렇게 부르고 있고 N선을 뉴트럴 또는 중성선 또는 공통선으로 부르고 있습니다. N선은 이론상 0볼트가 흐르고 있고, N선을 왜? 뉴트럴.중성선.공통선으로 부르는가? 우리가 220볼트 전기를 얻기 위해서는 R선 하나 N선 하나 또는 S+N, T+N 이렇게 380인 활선 하나에 0볼트인 중성선이 있어야 되므로 공통으로 필요한 N선을 뉴트럴 또는 중성선 또는 공통선으로 부릅니다. 이 두개의 선, 활선과 중성선의 조합이 가정용 분전함에 들어오게 되고 메인배선용차단기에서 전등.전열1.전열2.에어컨.식기세척기 등 각각 누전차단기로 분배되어 전기를 사...

전체보기   >

17
오전 8:36

♥ 1 👍 5 ✓ 1

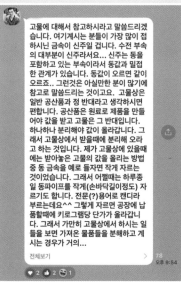

고물에 대해서 참고하시라고 말씀드리겠습니다. 여기계시는 분들이 가장 많이 접하시는 금속이 신주일 겁니다. 수전 부속의 대부분이 신주라서요... 신주는 동을 포함하고 있는 부속이라서 동값과 밀접한 관계가 있습니다. 동값이 오르면 같이 오르죠... 그런것은 아실만한 분이 많기에 참고로 말씀드리는 것이고요. 고물상은 일반 공산품과 정 반대라고 생각하시면 편합니다. 공산품은 원료로 제품을 만들어야 값을 받고 고물은 그 반대입니다. 하나하나 분리해야 값이 올라갑니다. 그래서 고물상에서 받을때에 분리해서 오라고 하는 것입니다. 제가 고물상에 있을때에는 받아놓은 고물의 값을 올리는 방법 중 동을 예로 들자면 작게 자르는 것이었습니다. 그래서 어떨때는 하루종일 동파이프를 작게(손바닥길이정도) 자르기도 합니다. 전문(?)용어로 캔디라 부르는데요^^ 그렇게 자르면 공장에 납품할때에 키로그램당 단가가 올라갑니다. 그래서 가만히 고물상에서 하시는 일들을 보면 가져온 물품들을 분해하고 계시는 경우가 거의...

전체보기   >

78
오후 9:54

♥ 2 👍 2 😊 1

119

래 경험을 쌓은 사람들이 좀체 정보와 노하우를 알려주려고 하지 않는다. 협회나 관련 단체도 없어서 통계라든지 지식을 공유할 수 있는 공간도 없다. 오로지 각자도생! 그러니 더더욱 수십 년 쌓아 온 지식과 정보를 말하지 않으려는 것이다. 악순환. 강쌤철물은 다르다. 서로 공유하며 공생한다. 함께 외연을 늘리고 파이를 키우자는 뜻이다.

철물인들의 베이스캠프

강아지 집은 히노끼로 만들었어요. 저희 집보다 좋아요;;; 저희 집은 보일러 틀면 엑셀에서 따다닥! 소리 나요. 급하게 타설하고 장판 깔아서 장판도 울고요. 한겨울에 타설해서 크랙이 심해요. 슬퍼요… 이 일 하다 보니 내 집은 잘 안 돌보게 되더라고요, 엉엉 ㅜㅜ

일하다가 끼니를 놓쳐 영업용 차 안에서 삼각김밥을 먹다 문득 외로워질 때, 견적 때문에 고객한테 실랑이 당하고 나서 문득 서글퍼질 때, 어처구니없는 실수를 저질러 의기소침해졌을 때, 그냥 아무 말이라도 하고 싶을 때 단톡방은 위안이고 위로고 충전이고 기운 듬뿍이다. 다들 그 맘 아니까 서로서로 격려하고 지지하기도 하고 함께 욕해 주기도 하고 함께 울어 주기도 하고 함께 종알종알거린다. 내 편 네 편이 따로 없다. 우리는 동지 같은 동료, 동맹 같은 동업자들이다.

2022년부터는 찾아가는 강쌤철물도 한다. 원하는 교육생들과 함께 지역의 어려운 주민들을 찾아가 집수리를 해주는 것이다. 재능기부다. 현장경험도 쌓을 수 있고 강쌤철물 홍보도 될 것이다. 단톡방은 강쌤철물 프랜차이즈의 베이스캠프다.

강쌤철물의 꿈

강쌤몰(mall) - 철물백화점

···

아빠, 우리 철물백화점 놀러 가요. 얼른요!

누가 봐도 대형 몰인 건물 앞엔 가족끼리 연인끼리 친구끼리 끼리끼리 주말을 즐기러 나온 사람들로 북적북적. 건물 한가운데에 아주 커다란 간판이 내걸렸다. 강쌤몰. 그게 뭔 뜻인지 알든 모르든 사람들은 꾸역꾸역 몰려든다. 매장 안에 들어서면 좌에서 우로 위아래로 앞뒤로 온통 철물들. 세상에 나와 있는 별별 철물로 가득하다. 어디선가 변신 로봇도 어벤져스도 기어 나올 것만 같다. 아이들은 신나서 돌아다니고 어른들도 들뜬 마음으로 철물을 구경도 하고 만져도 본다.

동네 철물점이 지금과 좀 달라져 사람들이 일상적으로 들락거릴 수 있는 생활형 마트로 변신하고 철물백화점은 말 그대로 백화점. 철물에 관한 모든 것을 취급한다. 생활철물에 산업현장 철물에 첨단 철물까지 온갖 철물이 품목별로 잘 전시되어 있어서 사람들의 눈을 휘어잡는 곳이다. 호기심을 자극하고 욕망을 건드려 기어코 뭔가라도 사들고 나가게 만들고 또 오게 만드는 중독성 강한 곳.

한쪽에는 보쉬, 밀워키, 디월트, 계양 같은 국내외 유명 철물 관련 기업들이 직영하는 매장도 있다. 다른 한쪽에 마련된 철물체험장에선 아이들이 직접 두 손으로 공구와 장비를 다루고 그 옆으로 DIY족들을 위한 공방이 어른들을 꼬드긴다. 스타필드 같은 초대형 마트처럼 푸드코트도 있고 아이들 놀이터 반려동물 카페도 있다. 점차로 전국 각 지역에도 하나씩 강쌤몰이 생긴다.

나는 철물백화점을 꿈꾼다. 사는 동안 꼭 이루고 싶다. 그전에 먼저 강쌤철물을 대형마트 규모의 철물점으로 키우고 이를 벤치마킹한 중대형·중형·중소형 등 다양한 규모와 다양한 형태의 철물점 철물마트가 등장하길 꿈꾼다.

철물백화점 위 철물아카데미

철물백화점 2층과 3층은 강쌤철물아카데미다. 과목별로 교실을 두고 강사도 채용해 한 번에 100명이든 200명이든 수업이 가능하다.

1~2년 안에 현 강쌤철물아카데미를 정식 학원으로 등록시킬 생각이다. 그렇게 되면 창업과 일자리 창출 관련해서 정부나 지자체의 도움을 받을 수 있을 것이다. 대표는 자격증이 있어야 한다. 나는 난생처음

이쪽 분야 자격증 시험을 보게 생겼다. 두세 개 따려고 한다. 어려움은 없을 거 같지만 아무리 운전을 잘해도 다시 면허 시험을 보면 떨어지는 사람이 있는 거처럼 혹 모를 일. 괜히 벌써 긴장도 된다. 진짜로 따고 싶은 자격증은 전기다. 까다롭다고 하니 공부 좀 해야 할 거 같다. 어느 정도 이루었다고 눌러앉아 있기만 하면 금세 뇌보한다. 나도 발걸음을 쉬지 않을 것이다.

철물백화점이 생기기 전까지 철물아카데미는 별도 공간이 필요하다. 현 철물아카데미가 한 공간에서만 수업을 하니까 한계가 있다. 폐교를 하나 살까 생각도 했고 저층 빌라를 구입하는 것도 한 방법이다. 저층 빌라 1층엔 강쌤철물점이고 2~3층은 철물아카데미, 4층은 창고, 5층은 숙소로 사용하는 것이다. 아주 다용도 다목적이다. 그러거나 말거나 문제는 돈. 고심 중이다.

강쌤
철물

코인보다 철물

철물은 사라지지 않는다

AI도 로봇도 대체불가

전기자동차 테슬라의 CEO이자 저가 로켓 쏘아 올리는 스페이스X의 CEO이자 신재생 에너지 기업인 솔라시티의 CEO 일론 머스크가 자신만만하게 말했다. 인간의 손은 전혀 안 대고 오로지 AI와 로봇만으로 자동차를 만들겠다! 이런, 실패했다. 그리고 인정했다. 인간의 손기술을 과소평가했다!

내 목소리를 녹음하러 갔던 MBC 방송국은 서울 DMC(디지털미디어시티)에 있다. 난생처음 방송국이란 곳도 가 봤지만 그 동네도 난생처음이었다. 폼나는 이름만큼이나 폼나는 곳이었다. 거대하면서도 개성이 강한 빌딩들이 이루는 스카이라인도 폼났다. 하나같이 최첨단 기술과 공법으로 세운 빌딩일 것이다.

그렇지만 인간이 태어나는 순간 동시에 나이를 먹어가는 것처럼 세상의 그 어떤 건물도 완성된 순간 동시에 연식을 먹는다. 연식을 먹을

수록 어쩔 수 없이 크고 작은 문제가 생기기 마련이다. 보통 아파트는 10년 정도 지나면 집 안 곳곳이 소모되기 시작한다. 수도꼭지, 조명. 보일러… 하나씩 둘씩 망가진다. 배관은 안쪽이 녹슬고 오물이 쌓인다. 동맥경화. 바닷가 아파트들은 더 일찍 노화가 온다.

오래된 아파트든 최첨단 건물이든 상처가 생기면 둘 중 하나다. 집수리하는 사람을 부르거나 철물점으로 달려가거나. 철물은 모든 건물의 세포라 할 수 있을 것이고 집수리는 헌 세포를 새 세포로 바꾸는 일이고 철물점은 새 세포를 공급하는 곳이다. 어떤 건물이든 건물이 존재하는 한 집수리와 철물점도 존재할 수밖에 없다. 한마디로 인류와 철물은 끝까지 간다.

철물 不死

아마도 A.I와 로봇도 인류와 함께 끝까지 가겠지만 아마도 철물을 대체하지는 못할 것이다.

집이든 고층빌딩이든 설계도에 따라 완성된다. 하지만 시간이 흐를수록 기후라든지 지리적 조건이라든지 외부 환경과 내부적으로 사람들의 손을 타면서 미세하든 눈에 띄든 변해 간다. 그것도 일정한 패턴을 보이면서 변하는 것이 아니라 별별 물리적·화학적 반응을 일으키면서 변한다. 바이러스만큼이나 별별 변이를 보이게 된다.

인간이 두 눈으로 보고 두 손으로 만져 봐야 그 변이를 제대로 진단할 것이고, 그래야 일부만 고치든 전체를 바꾸든 할 것이다. 변수가 좀 많은가. 철물아카데미 교육생 출신 집수리 기술자들이 때때로 이런 문자를 보낸다.

'왜 저는 자꾸 이런 난해한 일만 문의가 오는 것인지 ㅋㅋ ㅠㅠ'

현장에 가면 반드시 변수가 생기고 그 변수는 온전히 그 현장 때문에 생기는 것이다. 집 안 콘센트를 갈아 끼우는 건 아주 쉬운 일인데 막상 콘센트를 뜯어내면 전혀 예상하지 못했던 광경이 펼쳐지기도 한다.

애초에 집을 지을 때 어떤 문제가 생겨서 변칙적으로 설치했거나 아니면 좀 부실공사이거나 살던 사람이 엉뚱하게 손을 댔을 수도 있다. 이럴 때는 뜻하지 않게 수리가 오래 걸리기도 하고 큰 공사가 되기도 한다. 초보 집수리 기술자에겐 진짜로 난감하고 곤혹스러운 상황이다.

별별 변이와 별별 변수에 맞서려면 창의적인 머리와 다각적이고 유연한 시선에다 즉흥적인 대응이 있어야 한다. 이건 전적으로 인간의 영역. AI나 로봇에겐 없는 덕목이라 할 수 있다. 인간의 손목에는 관절이 30여 개, 근육이 50여 개 있다고 한다. 이 관절과 근육이 유기적으로 작동해야 젓가락질 한 번이라도 한다는 것이다. 1초에 10억에서 3,000억 번까지 진동하는 테라헤르츠 수준의 움직임이란다. 순간순간 생각도 하면서 말이다. 일론 머스크는 인간의 섬세한 손을 잠깐 우습게 봤던 모양이다.

4차산업 시대에 수많은 직업군이 사라질 테고 그보다 더 많은 사람들이 일자리를 잃을 거라 해도 철물만은 사라지지 않을 것이다. 인간

의 손안에 있기 때문이다.

철물아카데미에 교수 한 분이 등록한 적이 있다. 그분도 철물은 영원할 것이라고 확신한다. 직접 체험해서 학생들한테 이 기술이 왜 필요한지 알려주겠다는 생각으로 온 것이다. 철물 불사(不死)다.

수도꼭지가 배 째라 할 때

수도꼭지 물 샐 때!

'이것'만 교체해서 돈 아끼세요!

수도꼭지가 부러졌을 때, 난감하시죠?

이렇게만 하면 누구나 해결 가능!

초간단 욕실에 수도꼭지 설치하는 법!

욕조 수전 교체하기 누구나 할 수 있어요!

주방 원 홀 수전 교체 나도 할 수 있다!

강쌤철물 유튜브 검색창에 '수도꼭지'나 '수전'을 치면 영상이 좌르르 뜬다. 수도꼭지가 고장 나면 진짜로 황망해진다. 물이 샌다든지 물이 안 나온다든지 손잡이가 망가진다든지 고장 나는 이유도 가지가지다. 보통은 집수리 기술자를 찾는다. 직접 고치는 사람도 있지만 고치려 하다가 되레 문제만 키우는 경우도 많다.

무엇이든 고장 난 것들을 고치려면 먼저 어떤 구조이고 어떻게 작동

되는지를 알고 있어야 한다. 그래야 부품만 갈아야 할지 통째로 교체해야 할지 진단도 내리고 분해도 해보고 원래대로 조립도 할 수 있다. 멋모르고 분해했다가 부품 하나라도 잃어버리면 회생 불가다.

수도꼭지는 단순해 보여도 부품만 20개 정도 된다. 나름 정교한 장치다. 집수리 기술자들한테 수도꼭지 수리는 30분도 안 걸리는 일이다. 시간이 덜 걸린다고 받아야 할 돈이 줄어드는 건 아니다. 고객 입장에서도 빠르면 빠를수록 좋으니 서로 만족도가 높아진다. 물론 잘 고쳐야 한다.

수도꼭지 말고도 집에 난리가 나는 일은 언제 어디서나 생긴다. 느닷없이 조명이 나간다든지 전기가 들어오지 않는다든지 배관으로 물이 역류한다든지 욕실 바닥에 물이 고인다든지 다 시한폭탄들이다. 집수리라는 게 이런 거다. 평소엔 그저 무심하게 여기던 것들이 어느 날 갑자기 배 째라 하고 나자빠질 때 바로잡는 일이다. 그러니까 집수리 기술자들이 폭탄해체반처럼 119처럼 항시 대기하고 있다.

세상은 넓고 집들은 엄청엄청 많고 집수리는 널렸다. 단언컨대 인류가 존재하는 한 집수리는 사라지지 않을 것이다.

집수리가 4차산업

폭망

승승장구인 줄만 알았던 철물도매업이 순식간에 폭망해 버렸다. 살던 집도 하던 가게도 금고에 있던 돈도 다 날리고 거리로 나앉았다. 빚수억 원과 1톤짜리 탑차 한 대만 달랑 남았다. 혼자 잘해 나가다 후배를 끌어들여 동업을 한 게 화근이 되고 말았다. 누구를 탓할 것도 없고 그럴 겨를도 없었다. 당장 잘 데도 없었다. 곁엔 아내와 갓 돌 지난 첫째아이가 있었다. 차에서 지낼 수는 없는 노릇이었고 급한 대로 다니던 교회 지하실을 임시거처로 쓰려고 했다. 그때 뜻밖의 연락이 왔다.

"강태운씨, 당신은 충분히 성공할 수 있는 사람이야. 일단 우리 집에 들어와 살아."

거래처 사장이 자신이 살던 아파트를 내줬다. 일로만 만났지 밥 한 끼 같이한 사이도 아니었다. 나의 성실함 하나 보고 내주는 것이라 했다. 사장 부부는 인근의 어머니 집으로 들어갔다. 우리한테 내준 집보다도 작은 아파트였다. 사양하고 말고 할 것도 염치를 따질 것도 없었다. 그 집으로 들어갔다. 더 열심히 일해서 재기하는 것만이 너무도 크고 값진 선물에 보답하는 길이었다.

쓰리잡

폭망하고 처음 시작한 일이 족발 배달이었다. 집에서 족발을 삶아 주문이 오는 대로 배달을 나갔다. 그때는 남양주 평내에서 살았는데 족발을 가지러 날마다 오토바이를 타고 구리시를 다녀와야 했다. 날마다 500장이고 1,000장이고 홍보 전단지를 뿌렸고 탑차에도 광고지를 덕지덕지 붙였다. 전단지 효과는 기대 이상이었다. 주문 전화가 폭주했다. 처음 배달하던 날 그 설렘과 기분은 지금도 잊을 수가 없다.

아내는 손맛이 좋아 김치와 곁들이는 음식을 만들었다. 김치는 단연 최고였다. 아내는 손도 빨라서 언제라도 수십인 분 음식을 뚝딱 잘 차린다. 언젠가 아내한테 넌지시 물어봤다.

"음식 장사할까?"

"싫거든요~"

했다면 아마도 잘했고 잘됐을 거다. 나는 족발을 삶고 썰었다. 가지런히 잘 썬 모양은 내가 봐도 훌륭했다. 나는 지금도 족발이 먹고 싶으면 통족발을 사서 집에서 썰어 먹는다. 우리 부부가 만든 족발은 제법 인기를 끌었다. 진짜로 맛있어서 나도 꽤 먹었다. 저녁부터는 배달에만 매달려야 했다. 오토바이로 배달하다 넘어지는 바람에 족발과 김치가 도로에 흩어지는 경우도 여러 번이었다.

위기도 있었다. 어느 날 경찰서에 불려 갔다. 집에서 배달 장사를 한다고 누군가 민원을 넣은 것이다. 식품위생법 위반으로 말짱 꽝이 될 판이었다. 어렵게 돈을 구해 작은 가게를 마련했다. 다시 족발을 삶고 포장하고 배달하는 일을 이어갔다. 그런데도 족발만 갖고서는 모자랐다. 일을 하나 더 했다.

새벽 세차를 했다. 어릴 적에 알바로 해봤던 일이다. 차량 외관만 깨끗이 하는 간단 세차였다. 먼저 먼지떨이로 구석구석 훌훌 털어낸 다음 젖은 걸레로 싹 닦아 주고 나서 왁스를 바른 뒤에 마른걸레로 마무리를 하면 아주 반짝반짝 깔끔해졌다. 시간도 10여 분이면 충분했다. 세차 일도 전단지를 만들어 동네방네 차량마다 꽂았다. 즉각 연락이 왔다. 새벽 5시 30분부터 두어 시간 일을 하면 열 대 넘게 세차가 가능했다. 차 한 대당 3~4천 원 정도 받았던 것 같다.

새벽에 세차하고 곧바로 시장도 보고 족발을 받아 와서 삶고 배달하고 나면 이미 심야다. 때론 동이 틀 때도 있었다. 우리 부부가 온종일 빡세게 일하는데도 벌이는 얼마 되지 않았다. 나 혼자 철물도매업 하던 때 벌이에 반도 안 됐다. 따지고 보면 인건비도 안 나오는 꼴이었다. 겨우겨우 먹고사는 수준이었고 다달이 이자 내는 것도 버거웠다. 우리는 신용불량 상태여서 돈을 버는 것 말고는 딱히 융통할 방법이 없었다.

일을 더 찾아야 했다. 그때 수도꼭지가 눈에 번쩍 띄었다.

수도꼭지의 마법

나는 족발 배달과 세차를 하면서 틈틈이 설비업체 사장이 하는 일을 도왔다. 우리 가족한테 선뜻 집을 내준 것에 어떻게든 보답하고 싶었다. 마침 내가 일을 잘할 거 같으니까 자기도 도울 겸 설비 일도 배워 보라고 권유를 해와서 두말 안 하고 따라나섰다. 몇 번 함께 일하다가 수도꼭지의 마법을 발견했다.

수도꼭지 하나 갈아 주고 받는 돈이 족발 하나 파는 것보다 많았다. 족발 하나 삶고 썰고 포장하고 배달하는 데 들어가는 시간이라면 수도꼭지는 열 개도 스무 개도 바꿀 수 있었다. 누수를 탐지하고 배관을 고치는 일은 1시간 남짓 걸릴 뿐인데, 승용차 수십 대를 세차해야 벌 수 있는 금액을 버는 것이었다. 내가 다 할 줄 아는 일들.

"이렇게도 돈을 벌 수 있구나. 왜 이걸 몰랐나!"

이마를 쳤다. 철물도매업을 했으면서도 정작 철물이 어떻게 현장에서 수익을 일으키는지 미처 몰랐던 것이다. 나는 내가 할 일을 고를 때 먼저 수익구조를 본다. 수익이 '얼마나' 생기는가에 방점을 두는 게 아니라 수익이 '어떻게' 발생하나를 살펴본다. '어떻게'가 합리적이고 지속적인지 따지고 내가 그 '어떻게'를 감당할 수 있는지, 잘해 낼 수 있는지를 생각한다. 그런 식으로 일을 하나씩 늘려 나갔다. 지금 하는 일이 있어도 다른 분야에도 관심을 갖고 지켜본다. 그 분야가 더 낫다 싶으면 하던 일을 과감히 포기한다. 늘이다가 버리다가 늘이다가 버리다가 지금까지 그래왔고 대체로 맞아떨어졌다.

집수리도 그랬다. 내가 손재주가 탁월한지 알지도 못했던 때도 집 안의 수도꼭지든 배관이든 전등이든 내가 다 손을 봤다. 뭐든 고장이 나도 누구를 부를 이유가 없었다. 설혹 누구를 부른다 해도 그 정도 금액일 줄이야. 그 길로 전단지를 하나 더 만들었다. '무엇이든 교체해드립니다'라고 문구를 쓰고 그 아래에 수도꼭지를 그려 넣었다. 그날부터 전단지 세 개를 돌리고 뿌렸다.

이렇게도 돈을 벌 수 있구나

내 몸이 철물이 되어 가며

반응은 빨랐다. 여기저기서 수도꼭지를 바꿔 달라는 전화가 왔다. 일은 어렵지 않았다. 낮에만 일하는데도 스케줄이 꽉 찼다. 세차 수도꼭지 족발로 하루가 쉼 없이 돌아갔다. 집수리의 특징은 꼬리에 꼬리를 물고 일이 이어진다는 것이다. 수도꼭지를 고치러 갈 때마다 샤워기도 바꿔 달라, 싱크대가 이상하다, 세면대가 말썽이다 등등 한두 가지 더 봐주게 된다.

지금 부품이 없다, 시간이 없다 하여 하나하나 다른 날에 고친다면 그때마다 출장비와 공임을 받았겠지만 그날 출장비에 공임만 조금 더 받고 다 고쳤다. 장기적으로 그게 더 낫다고 생각했다. 어차피 여기저기 고장 날 테고 내가 쓸 만한 사람이다 싶으면 또 부를 테니까. 실제로 그랬다.

나는 철물도매업을 했기 때문에 장비도 부품도 싸게 구입하는 방법을 알고 있었다. 수리 비용을 다른 업자보다 적게 부르는 게 가능했다. 나만의 경쟁력이었다. 수도꼭지로 시작한 일은 하나씩 둘씩 가짓수가 늘어나고 다양해졌다. 도어록도 바꿔 줄 수 있느냐, 앵글 선반을 짜달라, 방충망을 교체하고 싶다, 욕실 타일을 새것으로 갈아야겠다, 화장실을 다 손봐 달라, 현관문이 고장 났다… 집 안 전체로 확산됐다.

몇 가지 말고 처음 하게 된 일들도 금세 익혔고 제대로 손을 봤다. 구조를 이해하면 방법을 알게 되는 법. 항상 변수가 발생하는 게 신경 쓰였지만 그때마다 침착하게 들여다보면 답을 찾을 수 있었다. 작곡가가 악상이 떠오르듯 나는 현장을 보면 해결책이 떠올랐다. 그게 참 신기했다. 타고난 것이라고 할 수도 있겠지만 이전에 철물도매업을 하면서 모든 물건들의 쓰임새를 다 익히려고 날마다 애쓴 결과이기도 했다. 물건의 용도와 어떻게 다루는지를 알고 있다면 현장에서 확실히 도움이 된다. 내 몸이 철물이 되는 것이다.

일이 많아지니까 아침부터 움직여야 했고 자연스럽게 수입도 두둑해졌다. 새벽에 하던 세차를 정리해도 될 정도였다. 신이 나서 활동반경도 넓혀 나갔다. 탑차 전체를 집수리 광고물로 도배하고 물건들을 싣고 인근의 금곡과 마석을 두루두루 누볐고 도농과 구리까지 뻗쳐 나갔다. 여기를 다 내 바닥으로 만들 거야 호기를 부리면서 달렸다.

탑차는 top

탑차 홍보로 톡톡히 효과를 봤고 슬슬 입소문도 났다. 하루에 열 집 넘게 찾아다니는 경우도 많아졌다. 실제 탑차 광고는 항상 기대 이상이다.

언젠가 탑차 홍보를 보고 한 분이 연락을 해왔다. 청량리 경동시장 근처의 집을 리모델링하고 싶다고 했다. 현장에 가보니까 완전 낡아 허

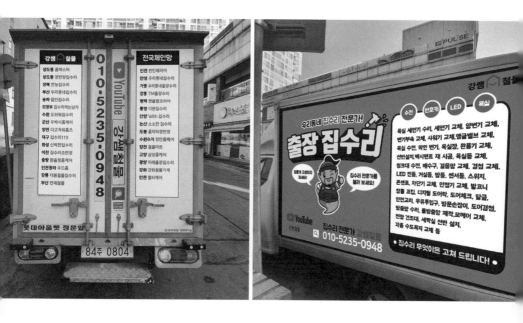

물어지기 직전. 철거가 답이었다. 고객과 시간을 들여 상담을 한 끝에 철거로 결정했다. 건축사와 상의해 벽 채만 남기고 다 뜯어냈다. 겨울 한복판이었다. 강풍을 맞으며 직원과 함께 한 달 반 만에 마쳤다. 그때까지 생각지도 못했던 철거. 기분 좋은 기억이다. 탑차 홍보로 서울에서 일을 의뢰받은 것도 꽤 된다.

종종 나는 이런 생각을 한다. 탑차에 물건을 싣고 전국을 다니는 거다. 산골도 바닷가도 찾아가 독거노인 집이나 형편이 어려운 집을 고쳐주는 것이다. 거의 자원봉사다. 나는 남의 집을 방문해 집수리를 하는 게 신나고 즐겁다. 시장이나 좀 번화한 곳에선 아주 약간의 수고비만 받을 것이다. 기름값은 필요하니까.

방충망 시즌인 4월에서 8월 사이는 너무도 바빴다. 아파트 방충망

교체는 보통 둘이서 하는데 나는 혼자 했다. 방충망을 다 뜯어서 아파트 앞 주차장에 내려놓고 새 방충망을 짜서 갖고 올라가 설치하면 됐다. 30평대 아파트 방충망 교체에 90분 정도 걸렸고 혼자 하느라 땀깨나 쏟았지만 벌이는 좋았다.

아파트 주차장에서 방충망 작업을 하면 즉석 주문이 술술 들어왔다. 주민들이 오다가다 보고서는, 우리도 해야 하는데 얼마예요? 그런 식으로 그 자리에서 옆 동으로 옆의 옆의 동으로 그리고 옆 단지로 이어졌다. 하루에 여덟 집의 방충망을 바꿔도 봤다. 날마다 수십 동의 아파트를 건너다니다 보면 어느새 시즌이 종료됐다.

방충망으로만 하루에 200만 원가량을 벌기도 했다. 너무 신나서 막 힘이 솟았다. 족발집도 접었다. 맛집이 없어진다고 단골들이 참 아쉬워했다. 집수리 수입이 훨씬 컸고 무엇보다 내 길을 찾았기 때문에 다른 일을 해야 할 이유가 없었다. 수도꼭지가 내 인생에 반전을 가져왔다.

신박한 철물점

어디든 철물점은 있다

수도꼭지로 시작해 인테리어 업체 사장님으로 셀프 승진하는 동안 살림살이도 점차로 안정돼 갔다. 빚도 꾸준히 갚아 나가고 집도 구리로 옮겼다. 둘째아이도 태어났다. 새 터전에다 철물점을 열었다. 강쌤철물.

철물점과 집수리를 같이하면 좋은 점이 많다. 물건들을 좀 더 싼 가격에 구입할 수 있고 그것들을 미리미리 준비해 놓고 있으니까 언제 집수리 의뢰가 들어오더라도 빠르고 수월하게 달려 나갈 수 있다. 철물점도 집수리처럼 이 동네 저 동네 홍보도 하고 영업도 하면 수익이 기대치를 훌쩍 넘는다.

세상엔 철물점이 많다. 한국산업용재협회라는 곳이 있다. 여기서 2018년에 조사한 걸 보니까 당시 우리나라의 공구와 철물과 건축자재 시장이 무려 70조 원이다. 전국에 공구상과 철물점도 27만여 개가 있다. 철물점만 수만 개다. 치킨집보다도 편의점보다도 많다. 사람 사는

곳이라면 어디든 꼭 철물점이 있다는 얘기다. 철물점이 사람들과 꽤 밀
접 접촉하는 존재임이 분명하다는 뜻이다.

사람들에겐 철물점에 대한 어떤 고정 이미지가 있는 거 같다. 작고

비좁기만 한 공간에 온갖 물건이 잔뜩 쌓여 있고 좀 어둡게 느껴지는 곳. 아재개그조차 없을 것 같은 무뚝뚝한 주인아저씨. 구닥다리 냄새가 폴폴 나는 곳. 그런 데도 있고 안 그런 데도 있다. 다만 90퍼센트 이상의 철물점이 영세사업장이라고 하니 리모델링이든 리뉴얼이든 여유가 없을 것이니 구닥다리가 아니어도 구닥다리처럼 보이는 곳도 많다.

어떻든 그중에도 누군가는 변신을 꾀한다. 요즘은 작은 공간도 밝고 쾌적하게 꾸미고 물건도 금세 찾을 수 있게 배치해 놓고 서비스도 만점인 철물점이 늘어나는 추세다.

친밀한 철물점

철물점은 '라떼는 말이야'가 아니다. 첨단이고 언제나 미래를 탐한다. AI도 로봇도 철물점을 대체할 수 없지만, 철물점에선 AI도 로봇도 만들어 내는 게 불가능하지만은 않을 것이다. 다만 철물점도 좀 더 사람들과 친밀해지고 동네 편의점처럼 생활형으로 자리 잡으려면 나날이 변신할 줄도 알아야 한다.

무엇보다 철물점은 물건이 다종다양해야 한다. 누구든 필요할 때 필요한 것을 손에 넣을 수 있게 말이다. 만 개가 넘는 물건을 다 갖춘다는 건 현실적으론 심히 무리다. 가장 수요가 많은 것들, 집수리에 반드시 필요한 것들을 중심으로 갖추고 점차로 가짓수를 늘려나가는 게 바람직하다.

강쌤철물도 그렇게 해왔다. 이제는 동네 마트 수준에서 좀 큰 마트급은 된다. 무리도 했다. 돈만 생기면 물건을 사들였다. 지금 매장으로는 공간이 부족해서 입점한 건물에 창고를 임대했는데 벌써 여섯 개로 늘어났다. 아마도 여기서 끝은 아닐 것이다.

워낙 물탐이 많아서 되는 대로 구입을 하다 보니까 들여놓은 물건값만 인서울 신상 아파트 가격을 웃돈다. 어느 날은 매장 입구를 가로막을 만큼 하나 가득 물건이 배달됐다. 그제야 맞다 내가 주문했지 했을 정도다.

"매출도 신경 좀 써요. 저축은 언제?"

생활력 강한 아내의 말에 뭐라 할 말이 없긴 하다. 철물아카데미 교육생 출신이 철물점을 차리거나 집수리로 나설 때 내가 갖고 있는 물건들로 채워 주기도 한다. 원가로 제공.

내가 꿈꾸는 강쌤철물은 누구든 당장 필요한 게 없어도 구경 삼아 들르는 곳이다. 사실 철물점은 볼거리 투성이고 호기심을 자극하는 물건도 많다. 이것저것 감상하면서 시간을 보내는 곳으로도 딱이라고 생각한다.

철물점이 필요한 것만 사고 후다닥 나가 버리는 곳이 아니라, 아이 손잡고 전시장 가듯이 대형마트 가듯이 들렀다가 편하게 머물다 가는 곳이면 좋겠다. 동네 마실 다니듯이 철물점을 들락거리는 사람들이 늘어나고 그들에게 집수리와 관련된 정보와 지식도 알려주다 보면 각종 물건에 흥미가 생기고 구매로 이어질 수도 있다. 즉석 집수리 상담도 가능할 것이다. 철물점의 변신은 판매전략이기도 하다.

땜빵의 힘

"여기를 누가 오겠어?"

경기도 구리시 인창동 지금 자리에 강쌤철물이 문을 연 지도 10년이 다 돼간다. 처음 이곳에 철물점을 낸다고 하자 반대하는 사람 걱정하는 사람들이 참 많았다. 지금은 주위에 대형마트도 있고 여러 상점도 있어서 그런대로 사람 사는 곳 같지만 그때만 해도 길 건너 아파트 단지가 있을 뿐 허허벌판에 홀로 덩그러니 놓여 있는 꼬락서니였다. 가까운 곳에 수도권 제1순환도로가 씽씽 달리고 있으니 더 그랬을 것이다. 홍수라도 났으면 섬이 되고도 남았다.

"장사꾼은 보이는 걸 팔고 경영인은 보이지 않는 것에 투자한다."

영화 〈베테랑〉에 나오는 대사다. 이를 좀 흉내 내보자면 "장사꾼은 보이는 사람을 찾아다니고 철물점은 보이지 않는 사람에 투자한다"고 나 할까.

내가 이 자리에 선뜻 내지는 과감히 철물점을 낸 것은 어떻든 사람들이 찾아올 거라 확신했기 때문이다. 강쌤철물을 오픈하자마자 인근 아파트 단지를 샅샅이 누비며 전단지를 돌렸다. 아파트 관리사무소마다 상가관리소마다 들어가서 인사하고 전단지를 돌렸다.

효과는 금방 나타나서 철물점을 찾는 주민들로 붐볐다. 집수리 의뢰도 하루 종일 그치지를 않았다. 나중엔 스무 곳이 넘는 아파트 관리사무소와 그만큼의 상가관리사무소가 단골고객이 되었다. 아파트들이 대체로 연식을 먹었으니 수요는 분명했고 열심히 뛰어다니고 인사만 잘하면 됐다. 나는 밖으로 밖으로 넓혀 나갔고 아내가 철물점을 맡는 시간이 많아졌다.

주민들이 아니더라도 급박하게 철물점을 찾는 사람들도 있다. 공사현장에서 일하는 사람들이다. 현장에서 일하다 보면 장비가 망가지거나 부품이 떨어지는 경우가 수시로 생긴다. 분명히 챙겼다고 생각했는데 빠뜨리고 오는 경우도 많다. 나도 숱하게 경험한 일들이다. 그럴 때 다시 집에 가서 갖고 오거나 인터넷이나 퀵 서비스로 주문할 여유는 1도 없다. 목마른 사람이 우물을 파게 돼 있다. 부랴부랴 근처에 철물점을 찾아다닌다. 어디든 철물점은 있으니까. 이를 업계용어로 땜빵이라 한다. 펑크 난 것을 긴급히 때우는 것이니 땜빵이다.

나는 운이 좋았다. 강쌤철물을 시작한 뒤에 주변에 대규모 공사가 시작된 것이다. 대형 아울렛이 올라갔고 전철이 개설됐다. 하수처리장 설치 같은 큰 공사가 뒤따랐다. 거기서 일하던 기술자와 목수가 찾아왔고 하청받은 인테리어 업자와 설비업체 사람들도 왔다.

강쌤철물은 어디보다 철물이 다양하면서도 많았다. 나는 철물에 관한 한 누구보다 잘 알고 있어서 그들이 올 때마다 정확하고 신속하게 물건을 내줄 수 있었다. 땜빵일 경우 간혹 가격을 막 부르는 철물점도 있다. 말 그대로 시가, 부르는 게 값. 급하니까 사갈 수밖에 없다.

나는 팔던 대로 팔았다. 지금도 그렇고 앞으로도 그럴 것이다. 그 정도로도 충분히 버니까. 신뢰를 얻었는지 전화로도 땜빵을 주문해 오기도 했다. 어떨 때는 오가는 길이 정비가 돼 있지 않아서 물건을 들고 맨땅을 달려야 했다. 나중엔 특정 물건을 납품해 달라는 의뢰마저 들어왔다. 땜빵이 아니라 공식 납품.

나는 좋은 물건들을 비교적 착한 가격으로 구매했고 납품단가를 다른 업체들보다 낮출 수 있었다. 여기저기서 주문이 밀물처럼 쏟아져 들어왔다. 하루 종일 일만 붙들고 살아야 했지만 좋았다. 그 많았던 빚도 끝이 보였다. 그동안 숱하게 땜빵질 해온 내 인생도 서서히 원상회복되고 있었다. 아마도 나의 전성시대 아니었나 싶다. 강쌤철물은 신의 한 수였다.

철물점은 가만히 앉아 있어도 망하지는 않는다. 수요가 마를 날이 없기 때문이다. 그런데 열심히 홍보도 하고 영업도 하고 집수리도 한다면 인생이 달라질 것이다. 철물점은 구닥다리가 아니다. 21세기에도 미래에도 통하는 강소업종이다. 누구든 할 수 있지만 누구든 잘 생각하지 않는 직업이 철물이다.

지금이 기회다. 더 늦기 전에 말이다. 대기업이 언제 쳐들어올지 모른다.

혼job, 고효율, 초가心비

손재주와 악력만 있으면

창업에 집수리나 철물점만 한 게 없다고 단언하는 데는 가지가지 이유라도 들 수 있다. 일단 집수리는 손재주와 악력만 있으면 누구든 할 수 있다. 수도꼭지 고치고 세면기나 변기 교체하고 전등 새것으로 달아주는 일은 조금만 배우고 익히면 어렵지 않다. 야무진 손재주가 아니어도 따라 할 수만 있으면 충분하다. 자격증도 필요 없다. 자격증이 필요할 때도 있다. 외부에서 전기를 끌어와 전기차단기로 연결하는 전기 관련 같은 일이다. 그때는 자격증이 있는 사람에게 그 일을 맡기면 된다. 아파트나 건물의 관리사무소는 자격증을 요구한다. 아무리 차근차근 알려줘도 도무지 따라 하지 못하는 똥손들이 있다. 이분들은 쫌~.

대신 똥손들은 철물점은 가능할 것이다. 손재주가 아니라 철물에 대해 잘 아는 것, 홍보와 영업을 잘하는 것, 매장 디스플레이를 고객에 맞추는 것 등이 중요하다. 그래도 다룰 줄은 알아야 한다. 엄청나

게 노력해야 할 것이다. 철물점도 자격증은 필요 없다. 사업자등록이
전부다.

혼job

집수리든 철물점이든 얼마든지 혼자 할 수 있다. 소상공 창업은 당연
히 혼자나 둘이 낫다. 철물점이나 집수리는 둘도 필요 없다. 혼자 감당
하기엔 어려운 일이 들어오기도 하는데 그때그때 사람을 쓰면 된다.

집수리 경험이 쌓일수록 일이 많아질 테고 자연스레 파트너를 둘 때
가 올 것이다. 그때는 좋은 파트너를 골라야 한다. 일도 잘하고 마음도
잘 맞는 파트너는 현장에서 큰 힘이 된다. 나는 파트너를 두 번 둔 적
이 있는데 둘 다 참 훌륭했다. 덕분에 그전까지는 엄두도 못 내던 일을
할 수 있었고 더 많은 일을 수월하게 해냈다.

집수리는 사무실도 필요 없다. 안정될 때까지 살고 있는 집을 최대한
활용할 수 있다. 물건은 집 안에 쌓아 놓고 집에서 전단지도 만들고 의
뢰도 받고 공부도 하고 연습도 하면 된다. 가족의 원성은 각자 알아서.
현장 출동도 승용차든 오토바이든 자전거든 다 가능하다. 교육생 출신
어떤 분은 물건은 탑차에 보관하고 1인승 전기차로 출동한다.

고효율

철물점을 차릴 때 드는 비용은 어느 창업 분야보다도 적다. 훨씬 적다. 흔히 창업하겠다면서 눈을 돌리는 분야가 치킨집이나 편의점 또는 카페 같은 것들이다. 대체로 프랜차이즈 위주다. 프랜차이즈 창업에 초기 비용이 많이 들어간다는 건 모르는 사람이 없다. 매장 임대에 인테리어, 시설 등등 쉽게 수억 원 얘기가 오간다. 그렇다고 수입이 보장되는 것도 아니고 뻔하기만 한 파이를 두고 경쟁만 극심해지고 있다.

철물점은 아주 작은 공간으로도 충분하다. 임대료를 최소화할 수 있다. 철물점에 물건을 들이는 것도 자금에 맞추면 된다. 1,000만 원이면 거기에 맞게, 5,000만 원이면 또 거기에 맞게 시작하는 것이다. 기본적인 것들 중심으로 우선 들이고 점차로 늘여 나가면 된다. 집수리는 비용이 들어갈 게 별로 없다. 집수리는 기본적인 장비와 부품 갖추는 데

200만 원 안팎이면 충분하다.

집수리든 철물점이든 최소의 비용으로 최대의 수익을 끌어내는 일이다. 그 어떤 일보다 효율을 추구한다. 가장 중요한 건 개인의 의지다. 날마다 여기저기 전단지를 돌리고 공사 현장을 찾아다니며 명함도 뿌리고 어떻게든 스스로 일을 찾아내야 한다. 끊임없이 철물과 기술을 공부하고 익히고 정보를 얻어야 한다. 말은 쉬워도 어느 하나 만만하지 않다. 의지가 없다면 돈도 효율도 없다.

초가心비

가심비가 뭔 말인가 했다. 가격 대비 성능이 좋으면 가성비. 가격 대비 만족도가 높으면 가심비라 한다. 철물은 가심비 갑이다. 철물아카데미 교육생 출신으로 현재 집수리 하는 분들이 이구동성으로 하는 말이 있다.

"집수리를 마치고 나면 고객들이 너무도 좋아하고 고마워하더라고요. 몇 번이나 감사하다고 인사를 하고 차나 간식을 내오는 분들도 많고요. 진짜로 대접받는 기분이라니까요."

철물점도 그렇다. 한눈에 고객이 원하는 것을 파악해 제대로 물건을 찾아주면 아주 좋아하고 고마워한다. 그대로 단골이 된다. 급하니까 철물점을 찾고 집수리를 부른다. 물이 새고 물이 안 나오면, 전기가 나가고 싱크대가 막히면 사람들은 다급해지고 조급해진다. 쏜살같이 달

려가서 깔끔하게 해결해 주면 세상 그보다 더 기쁘고 고마운 일이 또
있을까.

　가심비가 최고일 수밖에 없다. 상대가 좋아하고 그 이상으로 감사해
하니 해준 쪽도 가심비가 치솟는 것이다. 나도 그 순간이 더할 수 없이
좋았고 만족도가 크고 위로와 힘이 됐다. 이런 일 세상에 그리 많지
않을 것이다.

아들과 함께 철물

우리 부부한테는 아이가 둘 있다. 둘 다 아들이다. 우리는 아이들에게 날이면 날마다 '너희는 부모의 사랑을 아주 잘 받고 있어'라는 것을 심어 주려고 한다. 다행히 두 아이 다 성격이 좋고 항상 밝고 잘 웃는다. 그게 너무 귀엽고 사랑스러워서 다 컸는데도 걸핏하면 뽀뽀를 한다.

두 아이한테 공부를 강요하지 않는다. 둘 다 건강하게 하고 싶은 일을 할 수 있게 도와주려고 할 뿐이다. 장래에 무엇을 할 것인지, 진로를 어떻게 잡을지 아직은 정해진 게 없는 것 같다. 지켜볼 따름이다. 두 아이가 무엇을 하든 나중에라도 철물을 하겠다고 하면 무조건 대환영이다. 솔직히 두 아들 누가 되더라도 함께 철물 일을 하는 게 나의 버킷리스트 중 하나다. 세상에 이보다 좋은 직업이 어디 있을까 싶다.

집수리나 철물점에 대한 세상의 인식은 아마도 나와 많이 다를 것이다. 요즘 초중고 아이들의 직업 선호도를 조사한 기사를 봤다. 운동선수, 의사, 간호사, 프로게이머, 요리사, 수의사, 웹툰 작가, 패션디자이너, 소프트웨어 개발자 등 다채로웠다. 아이들의 꿈과 이상이 들어 있다. 동시에 교사, 공무원, 회사원 등 지극히 현실적인 희망사항도 빠지지 않았다. 여기에 철물점 사장님이나 집수리 기술자가 끼어들 틈은 없었다. 기대도 안 했다. 과연 이 직업이 열거된 직업군에 비해 부족하거나 떨어질까.

나는 내 직업에 자부심이 크다. 철물은 언제나 첨단 과학과 기술을 먹고 살고 창의력을 발휘해야 하는 직업이다. 꿈을 꿀 만한 직업이고 더불어 매우 실용적이다. 요즘은 내가 예전에 어른들한테 듣던 얘기를 자주 한다. 기술은 평생 간다.

전국의 수많은 철물점 사장님이 비교적 나이 든 세대일 테고 대부분 이 직업이 대물림되지 않기를 바랄 것이다. 그 옛날 대장간 시절부터 오랜 시절 우리 사회는 공인(公人)은 우러러봤지만 공인(工人)은 낮춰 본 게 사실이니 그럴 만하다. 요즘은 확실히 인식이 달라지긴 한 거 같다. 집수리하러 가면 전문직으로 알아봐 주고 대해주는 사람이 늘어났다. 편견을 걷어내려면 갈 길이 멀지만 말이다.

최근 들어 아버지 밑에서 철물 일을 배우거나 부모의 철물점을 물려

받는 경우도 눈에 띈다. 나는 20~30대가 철물에 뛰어드는 것을 가슴 설레게 반긴다. 그들에게 체계적으로 철물을 가르치는 시스템을 만들고 싶다. 철물아카데미에도 젊은 친구들이 들어오면 유심히 지켜본다. 철물을 꿈꾸는 MZ세대들을 격하게 응원한다!

코인보다 철물

나는 재테크에 별 관심이 없다가 요즘 들어 이것저것 훑어보곤 한다. 내가 하면 잘할 수 있을까? 곰곰 생각하면 잘할 것 같다. 당장 뛰어들겠다는 것은 아니고 따져볼 대로 따져보고 이거다 싶을 때 하게 되지 않을까 싶다.

여전히 코인 광풍이고 주식 열풍이다. 그 광풍과 열풍은 나이를 가리지 않는다. 한 TV 예능프로그램에서 주식으로 대박을 쳤다는 사람이 말했다. "주식으로 돈을 벌려면 좋은 주식과 함께 오래오래 가라."

비트코인에 투자해 대박을 터뜨린 사람이 쓴 책의 제목은 '10년 후 100배 오를 암호화폐에 투자하라'다.

코인이든 주식이든 이 분야에서 성공한 사람들의 이야기를 한마디로 정리하자면 아마도 '여유 자금으로 좋은 것에 투자하고 기다려라' 같다. 철물은 인류와 함께 끝까지 가면서 인간의 삶과 일상에 착 달라붙은 블루오션이다. 여유 자금으로 하지는 않겠지만 꾸준히 일을 하면서 기다리다 보면 큰 성취를 얻을 것이다. 코인이나 주식은 때때로 뒤통수를 치고 배신도 때리지만 철물은 그러지 않으니까. 철물은 누가 하든 실력과 능력에 충성을 다한다. 그래서 코인보다 철물!

하다 보니 이만큼

강쌤 철물

강 태 운

유튜브 '강쌤철물'을 통해
다양한 집수리 노하우를 나누고
집수리 전문가를 양성하고 있습니다.

출장집수리, 집수리 전문가 교육
010-5235-0948

경기도 구리시 동구릉로136번길 35

일론 머스크와 나의 공통점

미친놈처럼

일론 머스크랑 나랑 비교를? 감히? 욕먹을걸?

물론 욕먹고 싶지 않다. 일론 머스크, 스페이스X를 차려 저가 로켓 발사에 성공해 우주를 개척하고 있고 테슬라를 설립해 전기차동차 시대를 열었고 이외에도 여러 혁신적인 아이디어를 실현시키는 천재 사업가이자 시대의 선구자. 최근엔 러시아의 공격으로 통신 시설이 파괴된 우크라이나를 위해 스페이스X의 위성 인터넷을 지원했으니 인류애도 넘친다. 나는 일개 철물점 사장이자 집수리 기술자이자 유튜브 크리에이터. 그와 나는 완전 다르다. 그렇다면 목욕탕 가서 벗으면 다를 게 없는 인간이란 점 말고 어떤 공통점이?

그는 미국의 명문 대학인 USC 졸업식에 참석해 이렇게 말했다.

"창업하고 싶다면 빡세게 일해라(If you want to start a company work super hard)."

빡세게 일하려면 미쳐야 한다. 진짜로 일론 머스크는 미친놈처럼 일했다.

"내가 처음 형과 사업을 시작했을 때 집 대신에 작은 사무실을 빌려 컴퓨터 한 대랑 그곳에서 먹고 자면서 일했다. 샤워는 근처 YMCA에 가서 해결했다. 일주일 내내 쉬는 날 없이 잠자는 시간만 빼고 일에 매달렸다. 진짜로 치열하게(hot up) 살았다."

나도 그랬다. 미친놈처럼 일했다. 일론 머스크가 "다른 사람이 일주일에 50시간 일할 동안 당신은 100시간 이상 일하라"고 연설했던 것처럼 남들보다 배 이상 일했다.

나는 스물한 살 때 사업을 시작했다. 가죽옷을 만드는 가내수공업이었다. 나는 가죽옷 미싱사였다. 어릴 적에 나 혼자 살면서 외삼촌이 하던 공장에서 일을 배웠다. 미싱도 집수리처럼 누가 가르쳐 주는 게 없었다. 미싱사가 되려면 어깨너머든 남몰래 해보든 알아서 익혀야 했다. 연습할 시간도 없어서 어떻게든 기회를 만들어 미싱을 돌렸다. 작은 실수도 용납되지 않았다. 공장에서 시다(보조)로 일하며 3년여 만에 미싱사가 될 수 있었다. 나는 일반 주택의 방을 하나 빌려서 미싱 한두 대 놓고 시다 한 명을 두고 일론 머스크의 표현대로 '깨어 있는 동안' 손에서 일을 놓지 않았다.

가죽옷을 만드는 일은 고급기술이었다. 일반적인 의류는 바늘구멍을 잘못 냈을 경우 티가 나지 않게 처리를 할 수 있지만 가죽옷은 수선이 불가능해 그 부위를 통째로 뜯어내야 한다. 아주 정밀한 기술이 있어야 하는 것이다. 공장에선 부위별로 공정을 거쳐 옷 한 벌이 나오지만 나는 내가 다했다.

가죽옷은 한 벌 나오는 데 작업도 까다롭고 난도도 높아 시간이 좀 걸린다. 그때 나는 하루에 일곱 벌에서 열 벌 정도 만들었다. 스무 벌도 해봤다. 돈은 됐다. 실력이 늘고 잘한다고 소문도 나면서 하루하루 일거리가 늘어났다.

어느 날은 알음알음으로 당시 유명했던 이동우 디자이너가 직접 디자인한 옷을 만들어 납품하기도 했다. 패션쇼에서 선보인 옷들이었다. 이동우 디자이너는 현 유명 의류전문업체인 '이동우 콜렉션'의 창립자이기도 하다. 이동우 디자이너는 자신의 업체가 오래오래 인기를 끄는 이유가 '초심을 잃지 않고 기본에 충실하기 때문이다'라고 말한 적이 있다. 어느 분야든 성공한 사람들의 마음가짐은 참 비슷비슷하다.

수년 이상 가죽옷에 파묻혀 미친 듯이 일했는데 갑자기 가죽옷 시장이 미친 듯이 쪼그라들었다. 가장 큰 시장이었던 러시아 수출길이 막힌 것이다. 러시아의 경제가 미친 듯이 악화된 탓이다. 결국 사업을 접어야 했고 다른 일을 찾아 나섰다. 그게 철물이 될 줄은 그때는 몰랐다.

어릴 적부터 나는 무엇을 하든 미친놈처럼 했고 지금도 그렇다. 중학교를 졸업하고 이제부터 나 혼자 살겠다고 독립선언을 하고 집에서 나온 순간 이미 미친 인생의 시작이었는지도 모른다. 미친놈처럼 일한다는 건 지금 내가 미친놈처럼 일하는구나라는 걸 인식하지도 못한 채

미친놈처럼 일하는 것이라고 말하고 싶다. 미친놈처럼 일하는 게 뭔지도 모르고 그저 하다 보니 미쳐 있는 거다.

가끔 여전히 가죽옷 만드는 공장을 찾아간다. 한때 친하게 지냈던 사람들이다. 가서 미싱을 돌리면 아직 나의 감이 팔팔하게 살아 있다. 내가 다 놀랄 정도다. 가죽옷 시장이 나빠지지만 않았다면 아마도 지금 나는 가죽옷 공장 사장님이 돼 있지 않을까.

오늘 하루 잘하자

"성공의 비결은 뭐라고 생각하세요?"

"글쎄요. 저는 아직 성공했다고 생각하지 않거든요."

"평소 성공의 롤모델로 꼽는 사람이 있나요?"

"아니요."

나는 아직 성공한 사람이 아니다. 이제야 빚의 끝이 보이고 살림살이가 좀 안정됐을 뿐이다. 내가 일하는 분야에서 이름이 좀 알려졌고 여러 일을 벌여 놓긴 했어도 지금은 한창 밀어붙이는 단계이고 '이젠 됐다'고 하기엔 여전히 갈 길은 멀다고 생각한다.

나는 영화도 음악도 좋아하지만 마음 놓고 즐기지는 못한다. 수십 년 일에만 집중하고 살았던 탓에 취미라든지 여가라든지 다른 쪽으론 눈길 주는 것조차도 어려웠다. 1년에 한두 번 갑자기 무력감이나 우울감

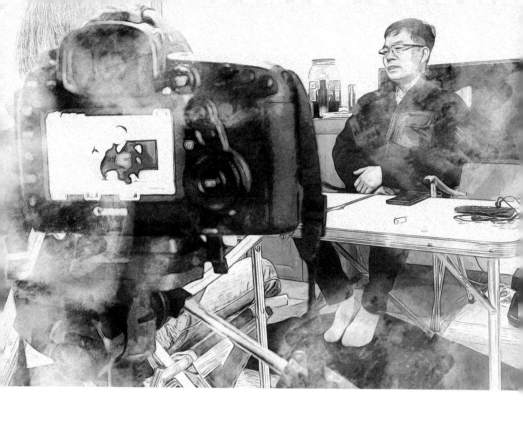

이 찾아올 때가 있다. 소진되고 있으니 조심하라는 몸의 신호 아닐까 싶다. 그때는 코미디 영화를 본다. 아무 생각 없이 실컷 웃고 나면 다시 생기가 돈다. 힐링이다.

나는 살면서 목표라는 걸 세워 본 적이 없다. 반드시 성공해야지라는 생각도 없었고 롤모델이니 존경하는 사람이니 생각할 겨를도 없었다. 아무리 힘들어도 그러려니 받아들였고 '오늘 하루 잘하자'는 마음 하나로 지금까지 왔다. 유튜브를 하게 되면서 간간이 지구적으로 성공한 사람들의 이야기를 봤는데 그들한테는 몇 가지 공통점이 있었다. 그중 나한테도 있는 걸 보고 내가 잘못 살아온 게 아니구나, 지금처럼만

하면 되는구나 스스로 대견스러웠다.

성공한 사람들은 '미쳐서' 일했고 또 하나는 '꾸준히' 미쳐서 일했다는 것이다.

나는 어떤 일을 하든 진짜로 미쳐서 일했고 진짜로 꾸준했다. 철물 영업을 시작했을 때 한 달 넘게 날마다 같은 코스를 오가면서 그곳에 있는 수십 군데 가게를 빠짐없이 들른 끝에야 비로소 거래를 틀 수 있던 것도 꾸준함 때문이었다. 이후에도 비가 오나 눈이 오나 꾸준히 그 루틴을 반복했다. 아침이면 가게 수십 곳에 모두 전화를 걸었다.

"오늘 들를 건데요, 필요하신 거 말씀해 주세요."

필요한 게 있으면 갖다주었고 없어도 찾아갔다. 나중에는 항상 그 시간에 어김없이 나타나니까 그때 맞춰 기다리고 있을 정도가 됐다. 가는 중에 주문 전화가 오면 급히 되돌아가서 챙기거나 시간이 빡빡하다 싶을 때는 좀 비싸더라도 중간에 있는 도매상에서 구입해 가져갔다. 무슨 일이 생겨도 늘 딱 맞는 시계처럼 다니고 칼같이 거래하니까 신뢰가 두터워질 수밖에 없었다.

꾸준히 해야 잘할 수 있다

꾸준하다는 건 포기하지 않는 것이다.

임인년 설날에 전남 보성에 갔다. 녹차밭이 보고 싶었다. 막상 도착해서는 마음이 풀어졌다. 굳이 산에 올라가서 봐야 하나. 야트막한 언덕에 올라가서 봐도 같은 거 아닌가. 그 핑계로 안 올라갔다. 나는 과연 광활하게 펼쳐지는 그 녹차밭의 풍경을 봤다고 할 수 있나. 못 본 것이다. 그 훌륭한 풍경을 느꼈다고 할 수 있을까. 못 느낀 것이다. 내가 참 나태해졌구나, 너무 편안한 것에 익숙해졌구나. 반성했다. 내가 왜 간절하고 절실하게 살았는데? 스스로 물었다. 끊임없이 자신을 되돌아봐야 한다.

집수리로 창업을 준비하거나 또는 그 일을 배우다가 중간에 포기하는 분들이 때때로 보인다. 당장 눈앞에 뭔가 이루어지지 않으니까 조바심이 생기는 경우도 있고 일이 힘들고 쉽게 익숙해지지 않으니까 지레 손을 놓아 버리기도 한다. 처음 이 일을 하고자 했을 때 간절함은 어느새 사라지고 이 길이 맞는 걸까, 잘할 수 있을까 하는 막연한 두려움에 스스로 압도당하는 것이다.

일론 머스크는 2008년에 완전 절체절명 위기를 맞았다. 저가 로켓 발사는 계속 실패하고 전기자동차도 큰 문제가 발생했다. 온 세상이 그를 비난했다. 그때 그는 한 인터뷰에서 "지금 힘들다"고 말하면서도 단호하게 선을 그었다.

"그래도 나는 결코 포기하지 않는다. 내가 죽거나 병에 걸려 완전 무력해지면 모를까."

어떤 분들은 방충망 작업을 한두 번에 척척 배운다. 어떤 분들은 연습이 참 많이 필요하다. 그래도 꾸준히 하니까 결국 혼자 해내고 지금은 완전 전문가가 다 되어 왕성하게 일하고 있다. 어떤 일이든 숙련되기까지는 시간이 걸린다.

얼마 전 볼일이 있어서 여의도에 갔다가 자전거 타는 사람들을 보면서 어릴 적 생각이 떠올랐다. 자전거 배운다고 전봇대도 들이받고 수백 번도 더 넘어졌다.

일단 배우고 나면 평생 간다. 기술자란 내가 기술이 되는 것이다. 그때까지 포기하지 말길. 꾸준히 하길. 잘해서 꾸준히 하는 게 아니라 꾸준히 하니까 잘할 수 있는 것이다.

날마다 데이트

일 말고 내가 꾸준히 하는 게 하나 있다. 밤마다 드라이브를 하는 것이다. 10년째다. 하루 일을 끝내고 저녁을 먹고 나면 아내를 옆에 태우고 어디든 간다. 양평이나 청평은 마실 다니듯이 갔고 때때로 멀리 인천 월미도라든지 고양 파주 등 많은 곳에 갔다. 산책도 하고 커피를 마셨다. 나는 커피광이다. 하루에 몇 잔이고 마신다. 늘 커피로 하루를 시작하고 잠들 때까지 커피를 끼고 산다. 예전엔 달달 커피만 마셨는데 건강에 이상이 생기면서 아메리카노로 바꾸었다.

드라이브도 건강 때문에 시작했다. 일을 마치고 집에서 밥을 먹고 나면 그대로 고꾸라져서 잠만 자니까 안 되겠다 싶어서 나갔다. 걷기도 하고 바람도 쐬면서 나를 환기시키려고 차를 몰았다. 드라이브 나가면 꼭 커피를 마시기 때문에 곳곳의 근사한 커피전문점도 거의 다 들러

봤다. 밤마다 아내와 함께 드라이브를 하니까 대화도 많아지고 사이도 더 좋아진 거 같다.

　내가 지금 이만큼 온 데는 아내의 힘이 컸다. 완전 폭망해서 오갈 데가 없었을 때도 싫은 내색 하나 없이 나를 따랐다. 고난과 어려움 속에서도 되레 태연했고 언제나 곁에서 나를 지지해 줬고 억척으로 살림살이를 꾸려 나갔다. 때로는 "당신 요즘 교만해진 거 같아"라고 훅 들어오기도 한다. 나를 너무 잘 안다. 이제는 철물점도 하고 유튜브 편집도 한다. 일만 늘었다.

　아내는 아침 10시부터 철물점을 도맡는다. 구석구석 물건 정리도 다 하고 경리도 본다. 얼마나 친절한지 피곤한 기색도 싫은 기색도 하나 없이 누구라도 상대한다. 철물점에 나 혼자 있으면 굳이 내가 있어도 "여사장님은요?" 묻는 손님도 많다. 너무 친절해서 기억에 남는다면서 말이다.

　어느 날은 아내가 아침에 일어나지를 못하고 끙끙 앓는 것이다. 전날 혼자 김장을 다하고 몸살이 났다. 도와 달라는 걸 피곤하기도 해서 모른 척하고 잤다. 유구무언. 아내 어깨고 다리고 주물러 주면서 문득 생각해 보니 나는 아내한테 뭐 해준 것도 없고 뭘 좋아하는지도 모르고 살아온 것 같다. 참 미안했다. 만약 아내가 없다면 난 아무것도 못 할 거다. 나보다 열 살 연하이지만 이제 아내는 내가 언제나 기댈 수 있는 듬직한 언덕이다.

　내가 입을 옷은 주로 내가 산다. 밝은 색깔에 세련된 디자인을 즐긴다. 아재 옷은 눈에 안 들어온다. 아내가 나이 생각 좀 하라고 아재처럼 입으라고 타박을 한다. 아내는 자기 옷을 보러 나갔다가도 나와 아이들 옷만 산다. 몇 년째 청바지와 티셔츠 차림이고 가방은 닳고 찢어진 것을 수선해서 들고 다닌다. 그 아내가 유일하게 즐기는 게 드라이브다.

아내는 여행을 좋아한다. 우리가 부부가 된 것도 함께 여행 가서 마음이 통했기 때문이다. 여럿이 부산으로 놀러 가기로 해놓고 정작 여자 하나만 나왔다. 어쩌지 어쩌지 당황하고 있는데 그 여자가 먼저 둘이서 가요 하기에 갔다. 부산에 가니까 여자가 오래전부터 나를 좋아했다고 훅 속내를 드러냈고 그 말에 나도 마음이 훅 기울었다. 그 여자가 아내가 됐다.

그때 그 기분으로 드라이브를 한다. 아마도 10년 뒤에도 20년 뒤에도 드라이브는 멈추지 않을 것이다. 나는 뭐 하나 하면 미쳐서 하고 꾸준히 하니까.

의사처럼

꼼꼼하게

의사는 먼저 진단을 한다. 환자한테 이것저것 묻고(문진) 두 눈으로 살피고(시진) 손으로 만져보거나(촉진) 두드려 보기도 하고(타진) 몸의 소리도 듣는다(청진). 병이 맞는지 아닌지 맞는다면 어떤 병인지 정확히 알기 위한 필수 과정이다. 당연히 꼼꼼하게 이루어진다.

집수리도 마찬가지다. "환풍기가 말을 안 들어요." "샤워기가 새요." "번호키가 고장 났거든요." 의뢰가 들어오면 먼저 이것저것 묻는다. "어떻게 말을 안 듣는데요?" 그런데 "그 아파트 환풍기가 100밀리미터 짜리죠?" "그 집 세면기가 투홀인데 어떻게 새고 있죠?"라고 듣기만 하고도 마치 직접 보고 얘기하는 것처럼 이미 알고 있다면 신뢰감 급상승이다.

한 동네에서 오래오래 살아남으려면 아파트든 일반 주택이든 집의 구조와 각종 장치에 대해 훤하게 꿰고 있는 게 좋다. 신뢰감이 높아질뿐

더러 일을 편하게 빨리 끝낼 수 있다. 볼트나 너트 하나를 준비하지 못하거나 잘못 가져와서 다시 갔다 와야 할 때가 생각보다 흔하다. 집이든 건물이든 집수리 갈 때마다 그곳의 구조와 각종 장치를 다 기억하고 다 기록하기.

의뢰를 받으면 직접 찾아가서 보고 만지고 두드리고 듣는다. 하나하나 시간을 좀 들이더라도 꼼꼼하게 해야 한다. 의사처럼. 집수리는 보이는 게 다가 아니다. 변수도 많고 고객이 상태를 잘못 아는 경우도 많다. 무엇이 문제인지 정확하게 진단하지 않으면 일은 커지고 시간은 길어지고 진땀만 뺀다. 받아야 할 돈만 그대로이고 신뢰감은 추락이다.

실력 있는 의사는 돈을 많이 번다. 실력 있는 집수리 기술자도 돈을 잘 번다. 의사의 진단과 처방을 나중에 따지는 환자는 드물다. 그러나 집수리 기술자한테는 잘 따지기도 한다. 더 실력을 키우고 더 꼼꼼하고 더 철저하게 한다면 따질 일도 없다. 사람들이 의사와 집수리 기술자를 대하는 태도는 분명 다르지만, 그런 거에 꿀릴 것 없이 일을 끝내고 나서는 당당하게 비용을 청구하기. 의사처럼.

아는 게 힘

공구나 부품의 정확한 용어를 알고서 철물점을 찾아오는 손님은 많지 않다. 급해서 오긴 했는데 뭘 달라고 해야 할지 모르니까 손발 다

이용해 설명하든 별별 방법을 다 쓴다. 철물점 사장이라면 그게 무엇을 말하는지 빠르고 정확하게 알아차리는 센스쟁이가 돼야 한다. 잽싸게 딱 맞는 것을 찾아주고 서비스로 어떻게 다뤄야 하는지 어떤 공구를 이용해야 하는지 세세하게 알려줄 줄 알아야 한다.

철물점을 하려면 철물에 대해 아주 잘 알아야 한다. 나는 철물점 직원으로 일할 때 틈날 때마다 철물점에서 취급하는 모든 물건을 외우고 익혔다. 장비든 공구든 부품이든 취급 품목이 만여 가지가 넘는데 각각의 이름과 생김새를 외우고 어떻게 사용하는지 익혔다. 1년 6개월 일하는 동안 하루에 단 한 가지라도 외우고 익혀야 직성이 풀렸다. 다 머리에 넣지는 못했지만 꽤 많이 저장했다. 나중에 엄청 큰 자산이 됐다.

철물도매업을 할 때는 무엇을 주문하든 척척 알아들어서 착착 갖다주니까 일단 거래를 트면 대체로 끝까지 갔다. 나중에 철물점을 차리고 나서 꾸준히 대형공사장에 납품할 수 있었던 것도 요구에 맞는 물건을 좋은 것으로 비교적 저렴한 가격에 공급했기 때문이다.

집수리도 그랬다. 수도꼭지와 전등만 하다가 번호키를 교체하고 배관을 고치게 됐고 방충망을 새것으로 달고 거실 새시도 바꾸고 하루가 다르게 일의 가짓수가 늘어났다. 처음 하는 일이라도 구조를 보고 각각 부품과 장치를 살피고 나면 감이 딱 왔다. 부품의 쓰임새를 알고 설치 방법을 알고 있으니까 어려울 게 없었다. 잘한다는 소문이 돌았고 어느 틈에 집수리에 관한 모든 것을 파악했다. 그렇게 맥가이버가 됐다.

철물점을 하든 집수리를 하든 그전에 철물점에서 일해 보는 것도 추천한다. 1년 정도면 철물에 관한 것은 물론이고 판매와 영업도 체계적으로 익힐 수 있다. 나이 따질 것도 없다. 나중에 현장에서 시행착오를 겪으면서 걸리는 시간을 생각한다면 1년은 별거 아니다. 훌륭한 투자다.

날마다 공부

"사장님, 이거 수도꼭지 교체하는 거잖아요. 이걸 왜 보세요?"

나는 다른 사람들이 하는 집수리 유튜브를 곧잘 본다. 그게 직원도 교육생도 좀 이상했던가 보다. 내가 아무리 수도꼭지를 누구보다 빠르게 누구보다 잘 고친다고 누구라도 인정한다 해도 어딘가에 나보다 더 빨리 더 잘 고치는 사람이 없으리란 법은 없다. 수도꼭지를 교체하는 데 한 가지 방법만 있는 게 아닐 테니까. 수도꼭지가 스무 가지 이상의 부품으로 이루어졌으니 그 구조를 안다면 교체방식도 다 다를 수밖에 없다. 그중엔 내가 현장에서 적극 활용할 만한 것도 있다.

유튜브엔 수많은 집수리 채널이 있다. 각각 개성도 다르고 형식도 내용도 다 다르고 구독자도 수십 명에서 수십만 명까지 천차만별이지만 나름 전문가들이고 저마다 노하우가 있다. 구독자가 적다고 수준이 떨어지는 것도 아니다. 나는 그 동영상들을 자주 보면서 영감도 얻고 팁도 얻는다. 때론 반짝이는 아이디어들이 내 눈을 반짝이게 한다.

보통 화장실에 설치된 콘센트엔 물이 들어가는 걸 막으려고 뚜껑을 단다. 그런데 뚜껑이 떨어지거나 고장 나면 콘센트 전체를 바꿔야 한다. 뚜껑만 따로 팔지 않기 때문이다. 배보다 배꼽이 커지는 경우다. 한 유튜버는 그럴 때 물티슈 뚜껑으로 대체했다. 비용도 안 들고 재활용도 하고 신선했다.

철물아카데미 교육생들한테도 배운다. 인생도처유상수(人生到處有上手)라고 했다. 세상은 넓고 고수는 많다. 날마다 공부하고 배워야 한다. 죽을 때까지 말이다. 그게 잘난 척도 막아 주고 교만도 잡아 준다.

공부하고 배워도 경험을 따라가지는 못할 테니까 그래도 모르겠으면 경험자한테 물어보는 게 최선이다. 해본 사람이 하는 말은 대체로 믿을 만하다. 나 여기 있거든, 하는 경험자 별로 없다. 발품 팔아서 찾아다녀야 한다.

그런 점에서 철물아카데미 교육생들의 단톡방은 정보의 보고다. 수백 명 기술자들이 저마다 지식과 경험을 공유하고 있다. 예전 기술자들은 자신들의 지식과 노하우를 꽁꽁 숨겼지만 이곳은 완전 개방. 현장에서 어떻게 일했는지 어떤 도구를 사용했는지 어떤 문제가 있었고 어떻게 해결했는지 고객과 정산은 어땠는지 생생한 이야기들이 샘솟는다. 초보들의 실수와 애환이 올라오면 맞춤형 조언이 신속하게 올라온다. 그때그때 최근 철물 동향도 신상 물건도 소개된다. 서로서로 성장하고 상생하는 공간이다.

교육생 중에는 나를 따라다니면서 현장에서 배우고 싶어 하는 사람들이 많다. 일부는 인턴으로 들어와 몇 개월씩 수련하기도 했다. 원하는 사람을 다 데리고 다니고 싶은 마음이지만 아직 여건이 안 된다. 그런 여건을 만들려고 노력하고 있다.

성공한 사람들의 이야기도 큰 도움을 준다. 나는 여러 사정으로 그 사람들의 이야기를 접하지 않았지만 지금 이 일을 시작했거나 시작하려는 사람들한테는 권해 본다. 용기와 위안을 얻을 수도 있고 경제적으로 실용적으로 배울 게 많을 테니까.

당신 초짜죠?

넘어질 때 잘 넘어지자

"당신 초짜죠?"

순간 어떻게 해야지? 당황했다가 곧바로 "어떻게 아셨어요?" 인정했다.

"네 시작한 지 얼마 안 됐습니다. 죄송합니다."

어느 직종이든 종사자들은 다들 자기 일에 자존심이 있을 테다. 집 수리 쪽은 좀 더 강한 거 같다. 죽어도 초보 티를 안 내려고 한다. 아무리 그래도 눈에 띄기 마련이다. 나도 그랬나 보다. 선반 짜는 일이어서 어렵지 않았고 잘하고 있다고 생각했는데 고객한테는 그렇게 안 보였던 것 같다. 이럴 때는 솔직한 게 최고다. 이 핑계 저 핑계 대봤자 초라해질 뿐이다.

"언제 이렇게 컸어요?"

시간이 흐른 뒤 초짜라고 했던 고객이 다시 일을 맡기고는 꽤 놀라워 했다. 흐뭇했다. 그 고객은 내가 솔직하게 말한 게 마음에 들었는지 그날부터 계속 나한테 일을 맡겼고 지금도 무엇이든 문제가 생기면 나부터 찾는다.

내가 지금 어떤 실력이고 어떤 수준인지 솔직하게 알아야 하고 인정해야 한다. 드러내 놓고 '나는 초짜요'가 아니라 그런 마음으로 고객을 대하고 일을 맡아야 성장할 수 있다. 초보들이 현장에 나가면 연습할 때와 너무도 다른 조건과 분위기에 두려움이 생기고 당황한다. 크게 심호흡하고 차근차근 해나가면 된다. 시간이 생각 이상으로 걸릴 수도 있고 뜻밖의 실수도 할 수 있다.

언젠가 하수구를 뚫으러 갔을 때다. 하루 종일 일하고도 해결을 못하는 바람에 돈도 못 받고 돌아왔다. 그럴 때도 있는 거다. 나중에라도 무엇이 문제였는지 알아내면 되는 거니까. 그때 초짜 티를 내지 않으려고 무리를 하다가 죽도 밥도 안 되는 경우가 허다하다. 그것도 모자라 순간 발끈한다든지, 내가 원래 잘하거든요 구시렁거리기라도 하면 답이 없다. 신뢰도 잃고 자신감도 잃는다.

못 하나 박는 일인데도 고객이 굳이 비용을 지불한 적이 있었다. 내가 서비스라고 몇 번이고 거절해도 말이다. 신뢰가 그런 것이다. 갓난 아이들은 넘어지면서 걸음을 배운다. 초짜들은 넘어질 수밖에 없다. 다만 잘 넘어져야 한다. 상대한테도 나한테도 솔직하게 인정하는 것이다. 자존심 말고 자존감을 가져야 한다. 쓸데없이 자존심만 내세우면 괜히 남하고 비교하면서 눈치 보고 긴장만 더 한다. 자존감은 나와 비교하는 일이다. 어제의 나와 오늘의 나는 어떤가. 정체됐는가 발전했는가.

자신을 아는 게 자존감이다.

단·무·지

단·무·지

나는 이 말을 자주 써먹는다. '무'는 무식할 정도로 일해 왔다. 혼자 왔어요? 혼자서 이 일을 다 할 수 있어요? 그동안 이 말 참 많이 들었다. 그 정도로 물불 가리지 않고 일했다. 미친놈처럼. '지'는 지속적으로 포기하지 않고 꾸준히 일했다는 얘기.

그렇다면 '단'은? 단순하게 시작하라는 것이다. 뭐부터 하죠? 교육생들이 가장 많이 하는 질문이다. 수백 가지 기술을 배웠고 당장이라도 다 써먹고 싶을 것이다. 그 마음 누구보다 잘 아니까 이렇게 말한다.

"단순하게 생각하고 간단하게 시작하세요."

철물점도 가진 돈만큼 시작하고 차츰차츰 늘려 나가라고 조언한다.

집수리도 마찬가지다. 이것저것 다 하려고 하면 그만큼 물건들을 사야 하고 그것들을 싣고 다닐 차량도 구입해야 한다. 초기 비용부담이 커진다.

빨리 적응하기 위해서라도 쉬운 일부터 시작하는 게 좋다. 나도 수도꼭지로 시작했다. 수도꼭지는 일도 쉬운 편이고 비용부담도 적다. 집수리에 빨리 적응하는 데도 좋고 자신감을 키우는 데도 좋다. 일을 할 때 생각도 단순해야 한다. 머릿속에 생각이 많으면 일이 꼬이기 십상이다.

나는 오로지 눈앞의 일을 하자는 생각으로 시작했고, 하다가 일이 막히면 그때 생각을 했다. 단순하게 시작해야 실력도 성큼성큼 늘어난다. 수도꼭지와 전등, 번호키 같은 기본적인 일을 잘하다 보면 그 이상의 주문이 꼬리에 꼬리를 물고 들어오게 될 것이고 영역도 넓어질 것이다. 그때마다 조금씩 비용을 들이면서 사업을 확장시켜 나가는 게 가장 현실적이다.

철물점이든 집수리든 빚을 얻어서라도 하겠다는 생각은 무조건 말아야 한다. 없으면 없는 대로 시작할 수 있는 게 이 일의 특징이고 장점이다.

내가 마음에 들 때까지

타일 작업은 시간이 오래 걸리는 편이다. 내가 집수리를 애정하는 이유는 짧은 시간에 끝낼 수 있고 그래서 많이 할 수 있고 많이 한 만큼 수입이기 때문이다. 박리다매라고나 할까. 타일 작업은 잘 안 맡게 된다. 집 안 전체를 수리할 때 타일은 외부업자한테 맡긴다.

언젠가는 타일을 깔아 놓은 게 영 마음에 안 들었다. 작업이 잘된 타일은 손으로 두드렸을 때 툭툭 둔탁한 소리가 난다. 그날은 소리가 통통 울렸다. 작업을 제대로 못한 것이다. 이럴 때는 정중히 다시 해달라고 부탁하는 편이지만 그날은 내가 해버렸다. 전문업자라고 소개를 받았는데 알고 보니 초짜였다.

나 혼자 늦게까지 타일을 깔았다. 어디를 두드려도 툭툭 소리가 났다. 그제야 스스로 마음에 들어 일을 끝냈다. 나는 현장에서 꼼꼼하고 깐깐하다. 그러다 보니 밥때도 놓치고 시간 가는 줄도 모르게 일에 파묻혀 버린다. 나랑 오래 현장에서 일해 온 사람들은 내 스타일을 잘 알기에 철저하게 일을 한다. 나는 완벽주의가 아니다. 일상에서는 설렁설렁하고 차분하다. 현장만 가면 달라진다. 내가 마음에 들어야 하루가 정리된다.

내가 살 집이면 오히려 대충대충 할 것이다. 고객이 살 집이니까 그렇다. 집에 작은 흠만 있어도 속이 상해서 눈길이 안 떨어진다. 기껏 돈을 들여서 수리를 부탁했는데 문제가 있다면 진짜로 환장해 버리지 않을까. 집수리는 내 실력과 기술 나의 신뢰를 보여주는 일이다. 완벽하게 한다는 마음으로 해야 하는 것이다. 아무리 잘했어도 자잘한 문제라도 생기게 마련이다. A/S는 무조건 '빠르고 철저하게'다. 내가 만족해야 고객이 만족한다. 내 원칙이다.

가끔씩 나는 어떤 성격인가 헷갈리곤 한다. 일터에선 좀 쎈데 집에선 그저 아내 바보 아들 바보다. 전혀 다른 성격도 있다. 오래전 학생이었을 때던가. 사귀던 여자가 그만 만나자고 하자 '알았다' 한마디하고 미련도 안 두었다. 심지어는 나중엔 친구처럼 만났고 어떤 감정도 안 생겼다. 아내는 "우리 부부가 헤어지면 당신은 뒤도 안 돌아보고 갈걸?"이라고 놀리기도 했다. 반면에 뭔가 박력이 없고 사람만 좋다고 해서 차인 적도 있다. 그때는 누가 봐도 연인 사이였고 나도 그런 줄 알았는데 어느 날 그런 줄 알았던 여자가 청첩장을 주면서 말했다. "나 결혼해."

결혼할 때 처가에서 좀 강하게 반대했다. 그때 나는 붕어빵 팔면서 야간대학을 다니고 있었고 어떻게 먹고살 건지도 불투명했다. 나는 날마다 처가 어른들을 찾아갔다. 어리광이라도 부릴 태세로 다가갔고 함께 밥을 먹을 때마다 미리 준비했고 혼자서 연습도 한 재미있는 이야기를 구연했다. 넉살도 좋게 말이다. 돌아보면 내 성격 참 가지가지다.

철린이가 철른이로

겁먹지 마 부딪혀 자신 있게

이 일에 뛰어든 지 8년여 성취감은 갈수록 커져갔고 뿌듯함은 나날이 늘어갔다. 하루가 다르게 입소문도 퍼져나가 갖은 의뢰가 다 들어왔다. 집 안 수리를 넘어 간판 작업에 덕트 공사에 하수구에 목공에 집 밖으로 나가는 일이 많아졌다. 점점 규모도 커지더니 조립식 건물을 짓는 현장에도 나갔고 건물 철거도 참여했다.

별일도 다 겪었다. 전기 작업을 하다가 합선이 일어나는 바람에 불꽃이 팡팡! 큰 사고를 칠 뻔했던 기억은 지금 떠올려도 등골이 오싹하다. 하수구를 뚫으려고 15미터 정도 밀어 넣은 스프링 청소기가 빠져나오지를 않아 하루 종일 밀당하고 나서야 해결한 적도 있었다.

나는 무슨 일이든 닥치면 했다. 일단 부딪히고 해결책을 찾고 하나씩 풀어나갔다. 나도 처음에는 겁도 났고 두렵기도 했지만 그때마다 부딪혔다. 부딪히지 않고서는 한 발자국도 앞으로 나갈 수 없었기 때문이

189

다. 어릴 적에 물에 빠져 죽기 직전까지 간 적이 있었다. 누군가의 도움으로 겨우 살아난 뒤에 죽어라 수영을 배웠다. 그랬더니 청평을 가로지르는 북한강을 왕복할 정도가 됐다. 별명도 물개. 나중엔 내가 죽다 살아났던 그 강에 사람이 빠져서 허우적댈 때 내가 뛰어들어서 구해 준 적도 있다.

집수리는 혼자 현장을 찾아다니고 혼자 해결해야 하는 일이다. 부딪혀야 한다. 그래야 자신감도 쑥쑥 커진다.

승부는 일머리

일의 종류도 다양해지고 규모도 커지면서 내가 가진 기술을 죄다 동원하고 창의력과 순발력을 수시로 발휘해야 했다. 어떤 일은 나 혼자는 절대 할 수 없었고 당시 같이 일하던 직원과 함께 총력전을 펼쳤다. 집수리는 무엇보다 일머리를 잡는 게 가장 중요하다. 일머리란 일의 순서다. 어떻게 시작해서 어떻게 끝낼지를 체계적이고 구체적으로 잡아야 한다.

일머리에 따라 견적을 내고 일을 나눈다. 집을 짓는 일엔 그때그때 외부 전문가들을 불러야 한다. 오랫동안 거래해 왔다고 어느 날 갑자기 '내일 일 좀 하자'고 할 수는 없다. 사전에 그들의 일정을 확인하고 나의 일머리를 잡아야 하는 것이다. 전기를 끌어오거나 용접이 필요한 일은 미리미리 챙기지 않으면 땜빵 구하기도 어렵다.

일머리는 경험대로 나온다. 베테랑은 한번에 일머리가 머리에 들어오지만 경험이 짧으면 몇 날이고 머리를 쥐어짜야 한다. 시간을 들이더라도 일머리엔 한 치의 오차도 없어야 할 것이다. 예기치 않은 변수도 따져야 하기 때문이다.

이를테면 '도배를 한다'가 아니라 '어떤 벽지를 이용해 하루에 다 한다'여야 하고, 어떤 건물을 철거한다고 했을 때 건물의 구조, 재질, 연식, 사람과 자재는 어떻게 이동해야 하는지 등등 낱낱이 따져야 한다.

일머리가 조금이라도 어긋나면 일정은 마구 늘어나고 그만큼 인건비도 불어난다. 예산을 뛰어넘는 건 순식간이다. 경험이 부족하면 경험자들에게 자문을 구하는 게 바람직하다. 경험이 적으면서도 고객한테 잘 보이려고 아는 척 잘난 척하다가 일머리엔 소홀하고 견적도 주먹구구식으로 내는 경우도 심심찮게 본다. 심하게 탈 난다.

나도 최근에 의욕만 앞서 한꺼번에 몇 가지 일을 추진해 보니 일머리도 잘 안 나오고 일도 소홀해져 결국 인테리어를 접었다. 오랫동안 해 왔고 수입도 좋았던 일을 접는 게 쉽지 않았다. 하루 고민도 나한테는 장고인데 6개월 고민했다. 철물아카데미에 집중하려고 용단을 내렸다. 시원 〈 섭섭.

굿 파트너

어느 날 5년 동안 동고동락하면서 함께 일했던 직원이 그만뒀다. 일도 잘하고 나랑 손발이 착착 맞았던 직원이다. 그 친구 덕분에 무슨 일이 들어와도 거뜬히 해낼 수 있었다. 나하고 일하기 전에는 에어컨 설치기사였다. 배관 쪽으로 빠삭하고 용접도 잘했다. 수시로 밤늦게까지 일하고 무시로 지방으로 출장도 가야 해서 10년 다니던 회사를 정리하고 싶어 할 때 내가 영입했다. 월급도 그 회사보다 더 줬다.

이 일을 하다가 직원이나 동료를 둬야 할 때가 있다. 잘 골라야 한다. 나는 사람을 고를 때 무엇보다 먼저 성실을 본다. 그 친구는 성실했다. 일도 잘하고 매사 적극적이어서 처음부터 마음에 쏙 들었다. 시간이 지나면서 직원이라기보다 파트너에 가까울 정도로 통했고 친밀해졌다. 그런데 한계를 느꼈나 보다. 너무 힘들다고 했다. 정도 듬뿍 들어서 어떻게든 붙잡고 싶었지만 마음을 되돌릴 수 없었다. 많이 아쉬웠고 마음이 짠해 왔다. 다행히 용접만 해도 되는 회사로 옮겨 여전히 일을 잘하고 있다.

흔하게 써먹는 말이지만 인사가 만사다. 잘못하면 진짜로 망사된다. 한번은 회사를 차려 몇몇 경험 짱짱한 사람들을 고용했다. 목수 타일 용접 등 여섯 개 종목이었고 줄곧 나와 거래해 오던 사람들이었다. 따로따로 일하다가 큰 일거리가 생기면 뭉쳤던 관계다. 함께 팀으로 일하면 더 낫지 않을까 하는 생각에 의기투합, 한 사무실 직원이 된 것이다.

처음엔 좋았다. 다들 자기 분야에서 발들이 넓다 보니 일거리를 마구마구 따왔다. 나는 사무실에서 일거리 정리하고 견적 내기에 바빴다. 이런 게 시너지 효과구나 흐뭇한 미소를 지었다. 오래 못 갔다. 좀 지나니까 일은 많은데 수입은 늘지 않고 되레 줄어드는 이상한 현상이 벌어졌다. 3일로 견적 낸 일이 4일이 걸리고 5일 만에 끝내야 할 일이 7일도 8일도 넘기는 일이 잦아졌다. 당연히 더 걸리는 만큼 손해다. 도대체 왜?

이유는 간단했다. 다들 팀장급 경험자들이라 일머리를 생각하는 게 다 달랐고 서로 고집도 있어서 현장에서 좀체 조율이 안 되니까 일이 속도가 안 났던 것이다. 그 사람들은 어떻든 직원이니까 다달이 또박또박 월급은 나갔다. 나만 탈탈 털렸다. 결국 이 상태로는 안 되겠구나 다들 동의한 끝에 2년 만에 해체했다. 다행히 서로 감정은 상하지 않아서 예전대로 따로따로 흩어져 있다가 뭉칠 때 뭉치고 있다. 지금도 그렇다.

이것은 장기전

처음에 고객이 고른 싱크대 대리석 색상은 블랙이었다. 다 설치하고 나니까 마음에 안 든다고 했다. 블랙이 이런 건 줄 몰랐다, 왜 설명을 안 해줬냐 바꿔 달라. 그래서 화이트로 교체했지만 더 들어간 비용은 모른 척하는 것이다. 일을 하다 보면 애초 견적보다 비용이 더 발생할 때도 있다. 일이 계획대로 진행되지 않는다든지 뜻밖으로 복잡해지거나 커졌다든지 재료비가 큰 폭으로 올랐다든지 내가 잘못 계산했다든지 여러 가지 이유가 있을 테다. 몇만 원 정도는 그냥 넘어갈 수도 있지만 몇십만 원 몇백만 원이면 좀 그렇다. 일단 고객한테 사정을 이야기했다. 견적이 좀 오버될 거 같아서요, 좀 생각해 주십시오. 생각 안 해주는 경우가 더 많았다.

이럴 때 공사를 멈추고 밀당하는 업자들도 있다. 나는 그러지 않는게 좋다고 생각한다. 어떻든 계약은 계약이니까. 못 하나 박는 일이든 집 안 전체를 싹 뜯어고치는 일이든 고객은 견적을 보고 계약을 한다. 나는 일단 일을 다 하고 그저 선처를 바랄 뿐이다. 아니면 말고다. 깨끗이 털어낸다. 밀당이 길어지고 서로 감정도 상하면 본인의 신뢰만 추락하고 업계에 안 좋은 이미지로도 작용한다.

모르고 그랬던 알고 그랬던 고객이 중간에 무리한 요구를 하거나 남은 비용을 이 트집 저 트집 잡으며 다음 날 다다음 날로 자꾸 미루어 끝내는 못 받게 되는 경우도 있었다. 이래저래 못 받은 금액을 합치면 내가 갖고 싶은 꿈의 자동차를 벌써 타고도 남지 않았을까.

나는 어떤 경우든 다 약속대로 했다. 그게 맞다고 생각했고 마음도 편했다. 내 성격이 좀 그렇다. 내가 손해 보거나 물러서는 쪽을 택한다. 차 한 대만 겨우 지나갈 수 있는 골목길에 들어섰다가 맞은 편에서 차가 오면 내가 먼저 뒤로 비킨다. 서로 버텨 봤자 둘 다 성질만 부리고 화만 남을 테니까. 다른 사람들 눈엔 참 답답할 노릇일 거다.

그런데 그때 손해 봤던 게, 그때 물러섰던 게 더 큰 이득으로 돌아왔다. 시간이 흐르면서 사람들의 신뢰가 커져 갔고 괜찮은 사람이라고 소문도 나면서 주문도 늘었다. 그때 생각을 안 해줬던 그 사람들도 다시 나를 찾아왔다. 이제는 '생각 좀 해주세요' 하면 알아서 생각을 해주는 사람들이 더 많아졌다. 이 일은 장기전이다. 기다리고 참을 줄 알아야 한다.

친절하게 당당하게

아무리 내가 손해를 감수하고 먼저 참고 물러서는 성격이어도 욱할 때가 있다. 안방에 붙박이장을 설치했다. 집 구조상 붙박이장이 욕실 문보다 조금 더 튀어나오게 됐다. 손톱만큼도 안 되는 길이인데 고객이 보더니 다 뜯어서 다시 해달라는 것이다. 설명이 안 통했다. 순간 욱했다.

"그럼 제가 돈을 안 받겠습니다. 그냥 사용하시죠."

"생각해 보고 연락할게요."

더 이상 연락은 없었다.

일은 다 끝났는데 잔금은 안 주고 며칠을 오라가라 하면서 이게 좀 이상하다 저게 좀 마음에 안 든다며 끝도 한도 없이 손을 봐달라고 하는 고객도 있었다. 순간 욱했다.

"잔금 안 받겠습니다. 이제 그만 부르세요. 그 돈이면 다른 사람 불러도 충분히 남을 겁니다."

그 길로 돌아오니까 가족도 직원도 난리가 났다.

"조금만 참지 왜 그러셨어요?"

이후에 비슷한 일이 벌어지면 나를 말리고 직원이 가기도 했다. 사실 이러면 안 된다. 욱! 하고 싶을 때 한 번 더 생각하고 참아야 한다. 나는 교육생들한테 무조건 참고 무조건 친절하라고 한다. 내가 지금 이 위치까지 오게 된 것도 친절했고 친절하려고 노력했기 때문이다. 어떻

게든 고객과 마찰이 안 생기도록 마음과 자세를 다잡았다.

예전에 가죽옷 만드는 공장에 취직했던 적이 있는데 내 평판이 꽤 좋았다. 특히 여성들한테 인기 짱이었다. 오로지 친절해서 그랬던 거다. 항상 남한테 배려 잘하고 친절하게 굴었다. 아내도 내 배려심과 친절이 마음에 들어 나를 좋아했다 하고 주변 사람들도 그런 말을 많이 한다. 직원들한테도 갑질도 막말도 안 하려고 노력하고 교육생들한테도 최대한 좋은 감정을 유지하려고 한다.

고객 중엔 진짜로 욱하게 만드는 사람들이 있다. 친절을 악용해 조금이라도 돈을 덜 주려 하고 더 부려 먹으려 하고 막 하대하기도 한다. 친절하라는 게 무턱대고 굽신거리거나 해야 할 말을 하지 말라는 건 아니다. 친절은 기본이다. 몸과 마음에 자연스럽게 배어 있어야 한다. 단 당당하게 행동할 것.

이 일을 하다 보면 수많은 변수와 맞닥뜨린다. 때때로 상상초월 돌발상황도 생긴다. 하필 변수나 돌발상황이 사람일 때도 있다. 욱하게 만드는 고객을 만나면, 나는 속으로 깊게 숨을 들이 쉬고 자신에게 말한다. '강태운 오늘 큰 스승 만났네!' 그리고 감정 도발자를 풀어야 할 문제로 치환한다. 문제가 크면 클수록 꼭 풀고 말겠다는 투지가 솟아오른다.

때로는 시간 간격을 두는 것이 현명할 때도 있다. 열심히 설명하고 진심을 다해 설득도 해보지만 안 통할 때도 있다. 그때 내가 고른 선택지는 자존심보다는 자존감이다. 돈은 잃어도 복구할 수 있지만, 자존감은 절대 잃으면 안 된다고 생각하기 때문이다. 그러니까 늘 최악의 상황을 예상하고 대비해야 올바르게 대처할 수 있다.

기술이 인맥

철물 쪽은 협회나 단체가 따로 없다. 자기가 다 알아서 해야 하니 때때로 고난의 길도 가야 하지만 일단 궤도에 오르면 누구의 참견도 간섭도 없어서 좋다. 일만 잘하면 사람이 사람을 연결하고 일이 다양하게 새끼를 친다. 철물에선 이런 게 인맥이다. 일을 잘해서 기술이 좋아서 사람들이 찾아오고 일이 몰려오는 것이다.

내가 예전에 한창 잘나가던 시절 주위에 사람들이 꼬였다. 어릴 적 좀 외롭게 자라서 그랬는지 사람들과 어울리는 게 좋았고 열심히 친분을 쌓기도 했다. 인맥 관리에 신경 좀 썼다. 망하고 나니까 빠르게 하나씩 둘씩 떨어져 나갔고 얼마 남지 않았다.

힘들 때 인맥은 거의 도움이 되지 않았다. 그때 알았다. 인맥은 참으로 허상이다. 인맥이란 건 억지로 만들어지는 것도 아니고 실력을 보고 기술을 보고 알아서 따라오는 것이다. 요즘 내가 좀 성공한 것처럼 보이는지 사람들이 몰려든다. 방송국서도 찾아오고 강의 요청도 들어오고 협찬 제안도 들어온다.

심지어는 기업체 직원이나 업자들이 술자리 얘기를 꺼내기도 하고 일을 연결해 줄 테니 수수료 달라는 식으로 접근하기도 한다. 이런 일에는 일체 응하지 않고 있다. 나의 일에 대한 예의도 아니고 내 성격과도 안 맞는다. 술값이든 수수료든 결국 견적에 포함될 게 분명하다. 고객의 주머니에서 나올 수밖에 없다. 협찬도 물건이 우선이다. 물건이

좋아야 하고 용도와 기능도 참신해야 협찬을 받는다. 협찬 들어온 물
건들은 강쌤스토어에서 판매도 하고 무료나눔 행사도 벌이고 있다.

진짜 인맥은 고객이다. 실력과 기술만 좋으면 고객은 늘어날 것이고
평생 갈 것이다. 그러니까 기술이 인맥이다.

몸이 재산

살면서 몇 번 죽을 뻔했다. 어릴 적 청평에 살 때 집 근처 강에서 수영하다 빠져서 죽다 살아난 거 말고도 네 번 더 그랬다. 그 강이 얼어서 스케이트 타다가 얼음이 꺼져 물속으로 빨려 들어가기도 했다. 짐자전거를 타고 가다가 내리막길에서 브레이크가 터지는 바람에 데굴데굴 구른 적도 있었다. 차량 통행이 많은 도로 삼거리에서 말이다.

경춘국도에서는 중앙선을 넘어온 차량과 정면충돌했다. 상대방은 음주운전이었다. 충돌하고 튕겨 나간 내 차를 다른 차가 다시 박았다. 진짜로 죽는 줄 알았다. 오토바이 몰고 가다가 앞에 있던 택시 뒷문이 열려 그대로 박고 공중에 솟구쳤다가 그대로 곤두박질쳤을 때도 생사가 갈렸던 상황. 신기하게도 다섯 번 다 어디 하나 다치지 않고 멀쩡했다. 그저 감사할 따름.

어릴 적부터 꾸준히 운동을 한 덕이 컸다고 생각한다. 나는 운동을 좋아했고 꽤 열심히 했다. 동네에 운동선수 친구가 있었는데 참 폼나고 멋있어서 따라 했다. 그때부터 20대까지는 1년 내내 운동복 차림으로만 다녔다. 하다 보니까 내가 운동에 소질도 있고 몸도 건강해져서 더 열심히 했다. 달리기, 농구, 수영 등 닥치는 대로 했다. 100미터를 11초에 뛸 정도였다. 물속에 잠수하는 걸 즐겨서 얼음이 꺼져 빠졌을 때도 살아날 수 있었다. 몸이 건강하고 튼튼하니까 큰 사고에도 무탈했던 거 아닐까 싶다.

그런데도 10년 전에 디스크가 왔고 당뇨병이 몸에 들어왔다. 오직 일만 하다 보니까 운동에 게을렀고 아무거나 막 먹다 보니까 몸이 견뎌내지 못한 것이다. 전등을 달다 떨어져 디스크가 생겼고 수술을 받아야 할 만큼 심했다. 당뇨도 그 정도면 쓰러졌어도 벌써 쓰러졌을 혈당치가 나왔다. 의사가 워낙 몸이 좋아서 쓰러지지도 않고 별 합병증도 후유증도 없는 것이라 했으니 이 또한 운동을 한 덕이다. 지금은 디스크도 당뇨도 거의 회복되었고 다시 꾸준히 운동도 하고 음식도 가려 먹으면서 정상 수준에서 관리 중이다.

코로나19 델타 변이가 심할 때 함께 일하던 교육생 중 두 명이 양성 판정을 받았다. 아파트 현장에서 이틀 동안 머리 맞대고 땀을 뻘뻘 흘리며 일했고 얼굴 마주하고 밥도 먹었다. 그런데 나는 음성이었다. 부스터샷 접종도 하기 전이었다. 확진자가 한 명이었을 때는 능동감시대상자로 분류되어 일을 할 수 있었지만 두 번째로 확진자가 나오니까 꼼짝없이 보름 자가격리에 들어갔다. 한숨이 푹 나오기도 했지만 어떻든 내가 건강을 많이 되찾았다는 뜻이기도 해서 반가웠다. 확실히 건강체질이긴 한 거 같다.

헐~ 봄바람 심하게 불고 동쪽에 산불이 무섭게 번질 때 오미크론에 당했다. 방심했나 보다. 지인과 만난 뒤 목소리가 이상해서 자가키드 검사하니까 빨간색 두 줄. 다음 날 확진 판정. 격리에 들어갔다. 별 증상은 없었고 평소와 크게 다르지 않았다. 또 많은 일정을 미뤄야 했다.

이 일은 건강해야 한다. 거의 날마다 밖으로 돌아야 하고 힘을 써야 하고 작업하는 내내 집중해야 한다. 수면 시간이 부족하고 부실하게 먹기 일쑤다. 그러니까 운동을 해야 한다. 운동해서 늘 건강한 몸 상태를 유지하려고 부단히 노력해야 한다. 건강하면 항상 밝고 자신감 넘쳐 보이고 집중력도 높아지고 일도 잘되기 마련이다.

일하다가 폭망하면 새기가 가능하다. 몸이 폭망하면 사실상 재기불능이다. 내 몸이 거의 폭망했을 때 앞이 캄캄했다. 파산했을 때도 자신감 하나만은 멀쩡했고 웃음도 잃지 않았다. 몸이 그 꼴이 되니까 전혀 달랐다. 날마다 운동, 무조건 운동이다. 나를 반면교사 삼을 일이다. 나는 참 운이 좋은 케이스라 생각해야 한다.

왜 강쌤철물?

나는 일요일엔 교회에 간다. 그곳에서 하루를 다 보낸다. 나는 독실한 신앙인이다. 신학대학을 나왔다. 한때 목회자의 길을 걸을까 고민하기도 했다. 우리 교회가 워낙 가난해서 돈 버는 사람도 필요하다고 생각해서 이 길로 나선 것이다. 나한테 교회는 가족이고 고향이다. 나의 이런 모습은 아는 사람만 알고 모르는 사람이 더 많을 것이다. 평소에 티를 내지 않고 다니기 때문이다. 나는 무엇이든 다른 사람에게 강요하는 것을 피한다. 스스로 우러나와야 한다.

20대 중반에 지금 다니는 교회를 알게 됐다. 가난한 동네에 있던 가난한 개척교회였다. 그때 10대 아이들을 맡았다. 아이들은 대체로 집안도 가난했고 그래서 생긴 이런저런 문제로 환경이 좋지 않은 편이었다. 나의 어린 시절도 떠올라 진심으로 아이들을 대했다. 함께 뛰어놀고 소풍도 가고 밥도 해먹으며 행복하고 즐거운 시절을 보냈다. 그때 입맛이 여전해서 지금도 나는 떡볶이나 튀김, 빵 같은 걸 즐긴다.

아이들과 함께 어울리고 아이들을 위해 항상 뭔가를 해보려고 머리를 굴리고 몸을 쓰다 보니 무대 체질이 된 거 같다. 사회도 곧잘 보고 노래도 잘 불렀고 레크리에이션도 진행했다. 인형극도 했었다. 서울 공구상가 일대를 돌아다니며 제법 큰돈 주고 인형극 틀을 사와 내 손으로 인형도 만들었다. 책과 자료를 뒤져 인형극 하는 방법을 습득했다. 아이, 어른, 악마 등 인형마다 걸맞은 목소리를 내려고 별수를 다 썼고 혼자서 맹렬히 연습하고 나서 인형극을 무대에 올렸다. 좀 무모하다 싶었지만 훌륭하게 해냈고 박수도 칭찬도 많이 받았다.

아이들을 데리고 학습을 하다 보니 내가 부족한 게 너무 많았다. 성경도 더 공부해야 했고 교양도 쌓으려고 신학대학에 들어갔다. 낮에는 붕어빵을 팔고 밤에 학교에 갔다. 참 순수했던 시절이다. 그때 아이들이 강쌤 강쌤 그랬다. 그들과 지금도 만난다. 다 커서 결혼도 하고 아이도 있고 돈도 벌고 하는 데도 여전히 강쌤 강쌤 그런다. 나는 강쌤이란 말이 너무 좋다.

그래서 강쌤철물이다.

강쌤
철물

나의 참 괜찮은 여섯 가지 습관

나는 날마다 놀러 간다

"잘 놀다 올게~"

아침에 출근할 때마다 하는 말이다.

나는 일하러 가는 게 소풍 가는 기분이다.

내가 평생토록 몸으로 익히고 실천해 온 여섯 가지 습관 덕분이다.

나의 이야기를 마치며, 내가 생각해도 '참 괜찮은 습관'을 귀띔해 드리고 싶다.

긴 글 읽어 주셔서 감사하다.

취업은 힘들고, 퇴직 이후의 삶은 고단한 세상이다. 뭘 해야 할지, 뭘 할 수 있을지, 어떻게 해야 먹고살 수 있을지 막막하고 불안한 사람들이 나의 이웃이다. 나 역시 그랬으니까.

두려워 말고, 꾸준히, 담대하게, 우리 함께 살아나가면 좋겠다. 진심이다.

오늘에 올인!

"아들아, 너는 다 계획이 있구나!"

영화 〈기생충〉에서 주인공이 한 말이다.

나도 다 계획이 있는 사람이다. 나도 내일 약속이 있다. 오늘에 '올인' 한다고 해서 오늘만 살고 말자는 식은 아니다. 어제까지의 일도 알차게 기억하고 내일도 살뜰히 준비한다. 오늘 하루 잘하면 어제가 튼실한 경험으로 남고, 내일 무슨 일이 생겨도 두려울 게 없다. 오늘 하루 잘하자, 이 마음으로 여태껏 살아왔다.

경춘국도를 오가면서 철물도매업을 할 적에 때로는 강원도 양구까지 가기도 했다. 일 마치고 돌아오는 길은 당시만 해도 완전 구불구불 산길. 한쪽으로 수직 벼랑이고 그 아래는 깊고 깊은 호수. 한밤중에 녹초가 되어 2.5톤 트럭을 몰고 그 길을 달릴 때, 몸은 지치고 마음은 외로웠다. 그럴 때마다 생각하고 다짐했다. '오늘 하루도 잘했지? 그럼 됐어.' 오직 그 마음뿐이었다. 오늘에 좌절하지 않고, 오늘에 무너지지 않았다. 오늘을 껴안고, 오늘을 사랑했다.

오늘 나의 모든 것을 다 쏟아부으면 내일은 더 나은 '오늘', 더 나은 나로 시작할 것이고 나의 자존감은 충만할 것이다. 그래서 나는 나이 먹는 게 좋다.

"순간을 놓치는 것은 영원을 놓치는 것"이라는 말을 좋아한다. 그렇
다. 순간순간이 켜켜이 쌓여 영원이 될 것이다. 오늘의 매 순간에 올인
하는 게 진짜 계획적인 것이라 나는 믿는다.

루틴을 소중하게

오늘 출근길이 지옥길처럼 느껴진다면 그날은 좋게 흘러갈 리가 없다. 오늘을 즐기려면 먼저 즐길 자세가 돼 있어야 한다. 마음은 지옥인데 몸이 천국일 리 없다. 웃을 준비가 되어 있는 자가 더 크게 활짝 웃을 수 있지 않을까.

나는 늘 일찍 일어난다. 깨끗하게 씻고 옷차림은 항상 단정하다. 깔끔하고 말쑥한 외모는 자신감의 표현이고 상대에게 신뢰를 준다. 몸에 명품이 아니라 내 자신감을 휘감는다. 매일 남의 공간에 들어가는 게 나의 일인데, 꾀죄죄한 차림에 자신감 없는 표정과 말투를 보인다면 어떤 고객이 좋아하겠는가.

집을 나서기 전에 아내와 두 아들을 본다. 가족을 보는 것만으로도 행복하다. 출근길에 커피를 사들고 사무실로 간다. 커피 한 잔과 함께 오늘 할 일을 생각하고 주변을 정리한다.

집수리를 하든 철물점을 하든 일이 있든 없든 사무실이 있든 없든 하루를 시작하는 자기만의 루틴이 필요하다고 생각한다. 일단은 출근이다. 사무실이 없어도 일을 하는 곳은 있을 것이다. 그곳이 집 안이어도 좋고 차 안이어도 좋다. 일이 있으면 일을 하고, 일이 없으면 공부하고 연습하고 홍보하는 것이다. 이왕이면 끼니는 거르지 말고 운동도 하면서 자신을 돌보는 것도 중요하다.

그날 끝내야 할 일은 반드시 그날 끝내기. 미루지 않기. 일과를 마치면 집으로 돌아가 하루를 돌아보고 내일을 준비한다. 일이 있고 없고에 일희일비하지 말 것. 자신을 좀먹는 짓이다. 나는 그저 꾸준히 하루하루 버티고 기다렸다. 언제든 기회는 온다. 기회는 반드시 온다.

  루틴이 있으면 하루의 시작이 쉽고 하루를 마무리하는 내가 대견하다. 되풀이되는 일상에 지칠 때도 있지만, 그 되풀이됨을 이뤄내기란 얼마나 어려운 일인가. 소중하고 위대한 건 느닷없이 생겨나지 않는다. 루틴은 성공의 기본 조건이다. 루틴을 귀하게 돌보고 즐기는 사람이 되고자 나는 여전히 힘껏 애쓰고 있다. 루틴이 없으면 성공도 없을 테니까.

세상에 날로 먹는 건 없다

궁하면 통한다! 궁즉통(窮卽通)엔 전제가 있다. 혼신의 노력으로 최선을 다하는 것이다. 그러면 일이 꽉 막혀도 돌파구를 찾을 수 있다는 얘기다. 현장에 나가면 거의 변수를 피할 수가 없다. 순간 눈앞이 캄캄해질 정도로 막막한 변수를 만날 때도 있다. 그때 필요한 건 순발력과 창의력. 빠르게 판단하고 해결책을 찾아야 한다.

한번은 천장의 사각형으로 된 전등 길이를 재야 하는 데 의자가 없었다. 그때 생각해 낸 게 강철줄자의 탄성을 이용하는 것. 강철줄자는 잘 접히니까 줄자를 길게 빼서 크게 삼각형을 만들어 가로변으로 길이를 재면 된다. 의자든 뭐든 발 딛고 올라가지 않아도 편하고 충분하게 잴 수 있다.

내가 남들보다 더 잘난 게 아니다. 변수를 풀어내는 번쩍번쩍 순발력과 반짝반짝 창의력은 평소에 단련해야 한다. 어떤 일이든 구조와 원리를 알면 된다. 공식만 알고 공식이 만들어지는 과정을 모르면 결정적일 때 결정적으로 막히고 결정적으로 해결책을 못 찾는다. 궁즉통이 될 수 없는 것이다. 내가 기술이 돼야 한다. 날마다 공부하고 연습하고 다른 사람들 유튜브나 블로그도 보면서 자신의 기량을 갈고닦는 거 말고는 없다.

궁하기만 해서는 통하지 않는다. 절실하게 부딪치고 돌파해야 통한다. 세상에 날로 먹는 건 없다.

나를 위한 기록하기

인생은 언제나 실전이다. 만반의 준비를 갖추고 출동해도, 현장에서는 진땀 나는 돌발변수가 자주 생긴다. 그럴 때 나는 예상치 못한 일들을 해결하는 과정을 스마트폰으로 찍는다. 영상으로 남겨 놓으면 두고두고 기억할 수도 있고 다른 사람한테 보여줄 수도 있기 때문이다. 실제로 내가 찍은 영상은 거의 유튜브에 올라간다. 굳이 변수가 아니더라도 자기가 하는 일을 기록하는 건 꽤 쓸모가 많을 것이다.

강쌤철물 유튜브엔 500여 개 동영상이 올라 있다. 이 영상들을 만들면서 내가 했던 일을 돌아보게 됐고 더 나은 방법을 찾을 수도 있었다. 영상을 본 사람들도 도움을 얻는다고 하니, 나도 남도 좋은 일이다. 앞으로는 현장에서 일하는 장면을 촬영하는 게 더 많이 올라갈 것이다.

예전엔 기록 같은 걸 그리 중요하게 여기지 않았다. 머리에 들어 있는 것들을 그때그때 불러오면 됐다. 유튜브를 하면서 기록의 가치를 알았다. 나를 기록하니까 더 많이 생각하게 되고 시야도 넓어졌다. 일이 더 즐거워졌고 오늘이 더 기다려진다. 한 분야에 종사하는 사람들이 저마다 기록하고 서로서로 공유한다면 얼마나 큰 자산이 될까.

배워서 남 줘야 하고, 터득한 기술은 함께 나눠야 한다. 작게 성공한 사람들은 자기 노하우를 감추고, 크게 성공한 사람들은 자기 노하우를 사람들과 나눈다. 나만 잘 먹고 잘살겠다는 심보를 버려야 돈도 벌고 신뢰도 얻고 행복하게 살 수 있다.

기록하고 기록 당하는 세상이다. 기록하는 수단도 도구도 넘쳐난다. 차이는 단 하나. 내가 하느냐 안 하느냐, 단지 그것뿐. 언제든 시작할 수 있다. TMI든 뭐든 남을 보여주기가 아니라 나의 성장과 발전을 위해서. 나는 오늘도 나를 위한 기록을 수첩과 폰에 담는다.

쫄지 말고 담대하게 대담하게

JUST DO IT!

담대하다는 말이 사실 별 게 아니다. 너무도 유명한 나이키 슬로건처럼 하기로 마음먹었다면 자리에서 벌떡 일어나 하는 것. 그게 담대한 것이고 대담한 것이다. 저스트 두 잇!

누구든 처음 해보는 일은 두렵다. 강쌤철물에서 상담받고 나서 할까 말까 망설이는 분들이 적지 않다. 쫄아서 자꾸 미루고 그러다 흐지부지되고 이를 반복하다 보면 엉덩이만 무거워져서 완전 포기.

나도 두려웠다. 속이 뒤집어지고 똥줄이 탔다. 그래도 무조건 첫날 했다. 하니까 됐다. 내 마음을 유혹하던 것들은 알아서 다 떨어져 나갔다. 자전거를 배울 때 처음엔 누군가 잡아준다. 평생 잡아주진 않는다. 결국은 스스로 타는 법을 익혀야 한다.

사람들의 흔한 착각 하나. 성공한 사람들의 현재 모습만 보고 나도 하면 당장 그 모습처럼 될 수 있을 거라 생각한다. 그들이 어떻게 그 자리까지 올랐는지 얼마나 어렵고 힘든 과정이 있었는지는 제대로 보려 하지 않고 말이다. 그 착각 속에 담대함과 대담함은 쪼그라든다.

영화 OTT 채널에 접속해서 수십 편 고르기만 하다가 정작 영화 한 편 못 보는 사람들이 많단다. 영화광들은 이것저것 재지 않고 일단 보기 시작한다. 마찬가지다. 이걸 하면 손해 보지 않을까, 저걸 하면 힘들지 않을까 머리 굴리다가 세월만 흐른다. 다짜고짜 해봐야 한다. 할 수 있을 때 하지 않으면 영원히 못한다. 지금 안 하는 것은 나중에도 못하는 것이다.

착하게 살자

나는 항상 긍정적이고 잘 웃는 편이다. 언제 어디서든 친절하며 배려하려고 노력한다. 작은 일에도 감사하는 마음을 잃지 말자고 다짐한다. 누군가 도움을 요청하면 어떻게든 도와주려고 한다. 한마디로 착하게 살려고 기를 쓴다.

폭망하고 거리로 나앉았을 때, 이거 실화야? 나한테도 영화 같은 일이 생기네. 그럼 시나리오를 잘 써야지. 해피엔딩으로 말이야. 긍정적인 생각이 용기를 물고 왔다. 나는 나쁜 일이 생겨도 힘들어도 내색하지 않고 웃었다. 내가 웃는 모습을 보고 상대방도 절로 미소를 지을 정도였다.

분위기가 처지면 흥부자 노릇도 잘했다. 매사 좀 부정적이거나 불평이 심한 사람과는 의도적으로 거리를 두었다. 나는 평생 욕을 한 적도 거의 없다. 믿기 어렵겠지만 손에 꼽을 정도다. 부정적인 말은 분위기를 망치고 팀워크를 깬다. 재능으로는 10년을 버티고 기술은 20년을 버티고 말조심은 30년을 버틴다는 말도 있다. 아무리 뛰어난 재능과 기술이라도 긍정적인 마음으로 갈고닦을 때 빛을 뿜을 것이다.

나는 어렵게 살아와서 그런지 서로서로 도우면서 사는 게 좋다. 나 또한 힘들 때 도움을 많이 받았다. 돕고 싶은 마음이 강쌤철물아카데미로 이어졌다. 이제는 교육생들끼리 서로 돕고 나눈다. 때론 격려하고 때론 조언하면서 어깨동무하고 함께 성장해 나간다.

현재 강쌤철물아카데미 단톡방에는 300여 명이 매일 의견을 나눈다. 현장에서 발생하는 어려운 상황들에 대해 서로 질문하고 답한다. 우리는 서로가 서로에게 선생이고 학생이다. 수업료는 없다. 집단지성이라고들 하는데, 우리 단톡방은 집단지성이자 집단몸짓이다. 생계를 책임져야 하는 절실함들이 모인 집단몸짓! 이 얼마나 감사한 일인가.

감사는 마음보다 행동. 고마워요! 감사합니다! 얼굴 맞대고 하든 전화로 하든 SNS로 하든 아니면 마음먹고 손편지를 쓰든 상대가 누구든 감사 마음을 표현하려고 애쓴다. "고맙습니다"라고 말하고 싶은 사람은 주위에 쌔고 쌜 것이다. 흉보고 싶은 사람보다 칭찬하고 싶은 사람이 많을 것이다. 내가 만나 온 고마운 사람들이 오늘의 나를 만든 것임을 잊지 않는다.

'착하게 살자'는 나의 초심이기도 하다. 세상살이가 퍽퍽해도 착하고 다정한 말과 행동이 결국엔 성공의 지름길이라는 걸 나는 여전히 믿는다. 자, 착하게 살자!

철물은 정직하다

꽃샘추위가 샘을 내거나 말거나 꽃은 핀다. 섭리다. 섭리가 별 건가. 성실하게 자기 할 일 하고 욕심부리지 말고 서로 돕고 사는 것이라 생각한다. 자연스럽게 물 흐르듯이 말이다. 철물이 그렇다. 공구는 공구대로 부품은 부품대로 다 자기 할 일을 하고 조화를 이뤄야 건축이든 집수리든 된다.

바람도 마구 불고 꽃도 마구 피어나던 날, 부릉 부르릉 충남 논산으로 신나게 달렸다. 강쌤철물 5호점이 봉오리를 활짝 여는 날. 철물점 사장님이 워낙 새내기라 처음부터 나랑 머리를 맞댔다. 사장님 아주 성실하고 일솜씨가 좋아 선반이라든지 내부 인테리어는 손수 다했고 나는 물건들을 어떻게 갖추고 전시할 것인지 동선은 어떻게 잡을 것인지 세세하게 살폈다.

철물 큐레이터(어쩌면 이 직종이 생길지도 모를 일). 철물점 차리는 것을 도와줄 때마다 내 철물점이란 마음으로 열과 성을 다한다. 뿌리 깊은 나무는 흔들리지 않고 숲을 우거지게 한다. 섭리다. 강쌤철물도 그렇게

울창한 숲으로 성장할 것이다.

강쌤철물 5호점은 25평 규모로 보통 철물점보다 널찍한 편이다. 큰 마트처럼 꾸몄다. 물건도 많고 다채롭다. 공간도 밝고 쾌적하고 시원시원하여 고객이 편하게 둘러볼 수 있게 했다. 상권도 좋다. 번화가다. 먹자골목 한복판에 자리 잡았고 시청을 비롯해 대형마트와 각종 상점 극장가 등이 주변을 에워쌌다. 가까운 곳에 아파트단지도 있다. 논산역과 버스터미널도 차로 5분 거리.

강쌤철물 5호점의 이름은 '소소한 집수리'다. 집수리를 겸한다. 이곳에 지금까지 이런 철물점은 없었다. 대박 예감! 여기 동네 이름이 내동이다. 예로부터 선비들이 많이 살아서 그렇다고 한다. 한자 내(柰)의 어원이 큰 인물이라고 하니 사장님이 크게 될 일만 남았다.

오픈도 도와주고 유튜브에 올릴 영상도 촬영하고 집으로 돌아가는 길 꽃들이 더 눈에 들어왔다. 마음은 둥실둥실 콧노래가 흥얼흥얼. 기분이 참 좋았다. 벌써 5호점이라니. 어느 틈에 여기까지 왔다. 문득 철물과 함께 한 지난 25년의 시간이 떠올랐다. 내 인생의 거의 절반. 숱한 고통과 고난으로 일궈낸 시간들이고 보람과 환희가 피어난 시간들이다. 그 시간을 처음부터 다시 하라면 과연 할 수 있을까.

창업의 길 자영업자의 삶은 쉽지 않다. 종종 지금 내가 좀 잘나가는 거 같으니까 이 모습에 혹해서 '나도 함 해보지 뭐'라고 참 쉽게 판단하는 분들도 있다.

일론 머스크가 말했다. "창업은 되게 힘들고 고통스럽다. 취업이 훨씬

쉽다. 나는 이게 운명이야, 라는 생각이 들 때 해라." 창업은 마음 깊은 곳으로부터 끓어오르는 열망과 해내고야 말겠다는 강인한 의지와 어떤 두려움과도 맞설 줄 아는 도전정신이 있어야 한다는 얘기다. 사실 누구나 초심은 그렇다. 그것을 지키냐 못 지키냐의 차이다. 못 하나 차이다.

못 하나 차이는 크다. 사람들은 안다. 못 하나 박는 것만으로도 내공이 꽉 찼군, 내공이 비었군. 25년을 돌이키면 초심을 지키는 것이 곧 내공을 채우는 과정이었다. 내공이 좀 차고 나서야 비로소 창업을 즐기게 됐다.

내공은 실력과 경험과 성품의 총합이라 생각한다. 나의 내공에 빈구석이 좀 많았을 때는 무조건 친절모드였다. 화가 나도 참고 잘못한 거 없는데도 죄송하다 말하고 억지웃음도 짓고 완전 꼬랑지 내리고 다니는 나날들이었다.

내공이 반쯤 찼을 때는 잘난 척 모드. 고객이 뭔가 아는 듯이 말을 하면 한마디도 지지 않으려고 괜히 기싸움 할 때도 있었고 심지어 고객을 무시하는 태도를 보이거나 불친절할 때도 있었다. 내공이 쌓이니까 몸도 마음도 편했다. 어떤 일이든 자신 있게 해나갔고 고객한테는 항상 진심으로 대했다. 고객도 내 말이라면 무조건 신뢰!

창업은 재미 삼아 할 일이 아니고 세상에 쉬운 창업은 없다. 철물도 마찬가지다. 단 철물은 가진 거 하나 없더라도 몸과 마음만 있으면 누구든 할 수 있다.

다시 말하지만 못 하나 차이다. 못 하나 박더라도 최선을 다하는 자세, 못 하나 박는 일이라도 얼마든지 하겠다는 마음가짐만 있다면 일단 절반의 가능성. 나머지 절반은 그걸 지키려는 의지. 섭리다. 자기 할 일 잘하고 욕심부리지 않고 서로 돕고 살겠다는 생각. 나는 그렇게 해서 이 자리까지 왔다. 그걸 아니까 철물 하겠다는 분들을 도와주고 있는 것이다. 철물은 정직하다. 땀 흘린 만큼 돌아온다. 그래서 나는 날마다 일하러 가는 게 설레고 소풍 가는 기분이 든다.

나도 시작할 수 있다

강쌤철물 까페에서 찾은 사연 하나

저는 1월달 속성반으로 수료한 수강생입니다.

저는 본업이 에어컨업을 하고 있습니다. 현재도 하고 있습니다.

보통 에어컨업이라 하면 성수기 바쁘고

비수기 논다라고 생각하시는 분들이 대부분일 겁니다.

저는 시스템, 상업용이 주를 이루고 있어

비수기에도 성수기와 큰 차이는 없습니다.

제가 성격상 무엇인가를 해보기를 좋아하고 인테리어 현장도 많이 다닙니다.

다른 직종 분들 작업하는 것들 보는 걸 좋아했으며

항상 속으로 언젠가는 해보고 싶다는 생각을 항상 많이 했습니다.

가정도 있고 업도 벌려놓았으니 새로운 걸 하기가 쉽지는 않았습니다.

어릴 때부터 알고 지내던 분께서 몸으로 떼우는 거 적당히 하고

철물점 차려라, 철물점 하면 사소한 수리하면서 살면 돈 된다고 뵐 때마다

얘기를 하셔서 관심은 있었던 찰나였습니다.

그러다 한 번씩 강쌤철물 유튜브를 봤던 게 알고리즘이 떠서

아카데미가 있다는 걸 알게 되었습니다.

수강 금액이 궁금해서 찾아보니 이건 그냥 묻고 따지지 말고

해야 될 금액이라 생각되어 그냥 바로 신청했습니다.

그렇게 수강날짜가 되어 교육장에서 교육을 받으면서

제 머릿속은 이미 현장에 있었습니다.

교육받으면서 바로 명함도 신청하고 전단지도 바로 만들었습니다.

수강 중에 문의를 받아 2건 정도 약속을 잡았고 수강 끝나고 내려와서

바로 2건의 약속을 이행했습니다.

전단지 나오고 나서는 일과를 마치고

하루에 100~200장 정도 꾸준히 붙이고 다녔습니다.

전단지 붙이고 나면 다음 날에 꼭 모르는

번호가 1~2통씩 1초 정도 울리다가 끊어집니다.

제가 다시 걸어보면 번호 저장한다고 눌렀다고 그럽니다.

언젠가는 필요할 거 같으니 저장을 해놓겠다고 합니다.

이렇게 틈틈이 전단지 붙이고 영업 좀 하다 보니 한 달에 집수리 관련일로

매출만 100만 원은 넘게 나온 거 같습니다.

매번 자재비가 많이 들어가지 않으니

시간 대비 노동량과 수익성을 보면 정말 좋다고 생각이 듭니다.

개척시장에 영업을 더 집중했다면 수익은 더 나왔을 거 같습니다.

일한 내용들을 블로그에 포스팅하고 개인 SNS에 올리다 보니,

기존 거래처나 지인들이 무슨 일만 있으면 연락을 해옵니다.

사실 모르는 내용들도 엄청 많이 물어봅니다.

그래도 아는 척하고 뒤에서 엄청 찾아보고 결과적으로 해결을 해줍니다.

이렇게 몇 개 하다 보니 계속 뭐든 할 수 있을 거 같습니다.

강쌤아카데미에서 교육한 거 사실 기억 많이 안 납니다.

처음 가는 현장은 강쌤철물 아카데미 찾아보고

몇 번 해보고 나면 내 것이 되는 것 같습니다.

강쌤 본인은 일을 할 때 겁을 내지 않았다, 할 수 있다고 생각되면

바로 실행했다고 하셨습니다.

그 말씀이 동기부여가 되어서 이렇게까지 일을 하고 있다고 생각합니다.

시작하려 하시는 분들께서는 일을 못할까봐 겁먹지 마세요~

수강생 단톡방에서 정보교류가 정말 원활하고 모르는 것도 잘 알려줍니다.

현장에서 강쌤께 바로 전화해도 잘 알려주십니다.

(바쁘실 것 같아 전화할 때마다 너무 죄송합니다. 몇 번 안 했음^^)

이번 달에는 한 번도 해보지 않은 전기온수기 설치,

냉동창고 제작 의뢰도 받았습니다.

한 번도 해보지도 않고 배운 적도 없는데 내가 하겠다고 말했습니다.

부자는 못 되어도 굶어죽지는 않을 시장이라고 생각합니다.

몇 달 하지는 않았지만 항상 새로운 일들이 생겨서 재미가 있고

앞으로도 기대가 됩니다~

교육생들의 전단지

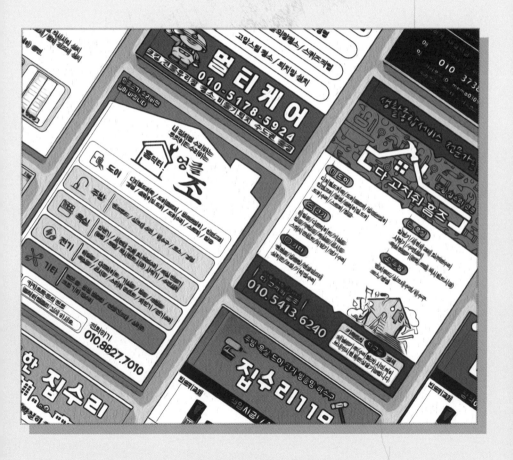

집 수 리

정 직 하겠습니다 / 확실히 하겠습니다

 방충망 교체 / 현관 방충망 설치 / 현관문 도색 / 번호키 / 도어락
안전 고리 / 보조키 / 도어 클로져 / 문 손잡이 / 문 스트퍼

 전등 LED 교체 / 센서등 / 매립등 / 주방등 / 욕실등 교체
스위치 & 콘센트 교체 / 환풍기(욕실/주방)교체 / 빨래 건조대 설치

 주방 & 욕실 수도(수전) / 멀티 수도꼭지 설치
싱크대 – 배수구 교체 / 후드(냄새 차단) / 경첩 수리

 양변기 / 세면대 / 샤워기 / 욕실장 / 욕실 선반 / 환풍기
실리콘 재시공 / 변기 부속 / 환풍기 냄새 차단

 자전거 정비: 로드 / MTB / 어린이 자전거 / 생활 자전거
(전문 정비, 방치 자전거 정비, 구매품 조립, 고장 수리)

 동작구
출장전문
집수리 전문가

 010·4110·8426
TALK @동작홈마스터

천정건조대·세면기수리
싱크대수리·양변기수리

맑을청홈케어 출장전문 집수리

정직하겠습니다 / 확실히 하겠습니다

디지털 도어락 / 보조키 / 안전고리 / 도어 클로저 / 문손잡이
현관문 스토퍼 / 방충망 교체 / 현관 롤 방충망 / 천정건조대

전등교체 : LED 실내등 / 센서등 / 매립등 / 주방등 / 욕실등
스위치&콘센트 교체 / 환풍기(욕실/주방) 교체
010 8388 6265

각종 수전 : 주방 & 욕실 수도 / 멀티 수도꼭지 설치
싱크대–경첩 수리 / 배수구 교체 / 후드교체

양변기 부속교체 / 세면대 / 샤워기 / 욕실 엑세서리 설치
실리콘 재시공 / 냄새차단 환풍기 교체 / 빨래 건조대 설치

에어컨 분해청소 / 에어컨 가스(냉매) 충전

수전 교체
번호조키

미세 방충망
현관용 방충망

상담문의 010-8388-6265

행복한 집수리

출장 집수리 전문

"정직 하겠습니다" "확실히 하겠습니다"

도어 디지털 도어락 / 보조키 / 손잡이 / 도어클로저
스토퍼(말굽) / 플로어 힌지

욕실 양변기 수리·교체 / 세면대 수리·교체 / 샤워기
변기막힘 / 거치대 / 욕실장 / 실리콘 재시공

주방 씽크대 수전 / 씽크대 배수관 / 씽크대 경첩
배수구 막힘 / 렌지후드

전기 각종 LED전등 / 스위치·콘센트 교체 / 차단기
욕실 환풍기

기타 방충망 / 빨래 건조대 / 세탁실 수도꼭지
가구경첩 수리 등

KakaoTalk 당근마켓
행복한 집수리 **010-7584-0431**

수리할 곳 사진을 찍어 보내주시면 빠른 상담이 가능합니다

엉클조가 수리하면
집이 바뀝니다

내 집처럼 수리하는
무엇이든 수리하는

홈닥터! 엉클조

도어 디지털도어록 / 도어클로저 / 방문손잡이 / 안전고리
경첩 / 슬라이딩 도어 / 도어수리 / 스토퍼 / 말굽

주방 렌즈후드 / 싱크대 수전 / 배수구 / 호스 / 경첩

욕실 양변기 / 세면대 교체 및 부분수리 / 욕실 환풍기
(욕입 / 트랩 / 박시멘트 시공) 샤워기 / 수전설치

전기 매립등 / 다운라이트 / 거실등 / 방등 / 주방등
욕실등 / 센서등 / 스위치 콘센트 / 차단기 / 전기수리

기타 현관 등 / 방범 방충망 / 전장건조대 / 실리콘
코팅 기타 집수리

카카오톡 문의 환영
'홈닥터엉클조'검색 하세요

전화하기
010.8827.7010

235

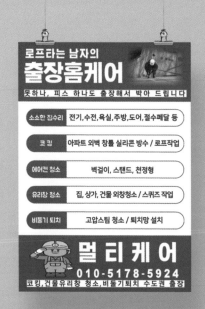

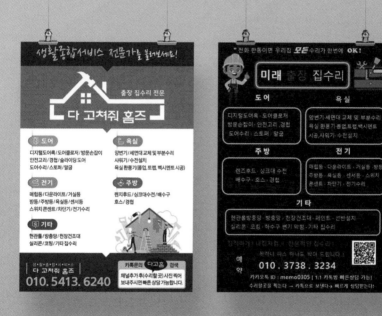

- 010-4110-8426   상도동 홈마스터
- 010-3370-0920   상도동 장반장집수리
- 010-6294-1224   성북 만능집수리
- 010-9392-4654   부산 우리동네집수리
- 010-8929-7820   송파 달인집수리
- 010-3171-3755   의정부 집수리하는남자
- 010-2515-1970   수원 도와줘집수리
- 010-4146-8562   군산 우박사홈케어
- 010-5413-6240   양천 다고쳐줘홈즈
- 010-8390-0119   대구 집수리119
- 010-4695-4924   화성 신박한집수리
- 010-8011-1545   이천 집수리조반장
- 010-8388-6265   중랑 맑을청홈케어
- 010-8769-4586   인천청라 우드홈
- 010-7433-6736   강릉 더봄철물집수리
- 010-3413-3238   부산 연제철물

- 010-3913-4050 인천 썬인테리어
- 010-3670-5340 안성 우리동네집수리
- 010-6542-0523 가평 우리동네출장수리
- 010-4233-0948 강동 TM출장수리
- 010-8939-5040 평택 핸들랩코리아
- 010-5529-0104 통영 다원집수리
- 010-5589-3714 안양 With 집수리
- 010-5319-8432 논산 소소한 집수리
- 010-6447-8504 도봉 홈닥터정반장
- 010-3476-0914 수원수지 장안홈페어
- 010-5309-0390 양천 철물마트
- 010-4792-3539 고양 삼성홈케어
- 010-3738-3234 광양 미래출장집수리
- 010-9031-2430 강화 강화철물기계
- 010-5178-5924 인천 멀티케어
- 010-8827-7010 광진 홈닥터엉클조